発想力を鍛える33の思考実験

鍛鍊發想力的33個思考實驗

想像力實驗室

北村良子 著
RYOKO KITAMURA
許展寧 譯

晨星出版

前言

托各位讀者的支持，讓我的上一部作品《思考實驗室：鍛鍊邏輯思考力的33個思考實驗》成為大獲好評的暢銷書。本書是該部作品的續集並和上一部作品一樣也是以著名的思考實驗作為主軸。

思考實驗如同字面上的意思，是運用「思考」來操作的「實驗」。在你的腦中展開思考，偶爾做個筆記，運用自由的方法來進行實驗。我們不用準備特別的器材，唯一需要的就是自己的腦袋，只要實際思考的行動即可。有時候是關於人類的生命，有時候是天文學等級的數字或規模，甚至是回溯時間，或者是移動到其他世界。只要追得上大腦的思維，無論什麼樣的思考實驗都辦得到，自由度相當地高。

例如在本書中也有介紹的「缸中之腦」，就是在探討這個世界會不會是個虛擬現實。當我們構思出「將這個世界觀製作成電影」的想法後，電影《駭客任務》（The

Matrix）便誕生了，這就是思考實驗拓展了思維的實例之一。

現今，平成已經過了三十個年頭，學校教育也有了大幅改變。過去的教育主要是竭盡所能地把「知識」塞進學生的腦袋，讓學生盡可能地在考卷上寫出「正確答案」，學識愈淵博的人就是「愈聰明」。然而現在比起「知識」，學校教育更重視「深思熟慮的能力」，會要求學生在考卷上寫出尋求解答的經過，與其默默死背，更加注重學生是否明白解題的過程。現今的教學方針就是依據上述方法來培養「深思熟慮的能力」，並延伸至生存於社會的能力。

上一部作品的主題「邏輯思考力」，是累積縱向思維並同時進行思考的能力，而這次構思的主題則是希望大家可以具備結合邏輯思考力的發想力。「發想力」就是橫向拓展自己的看法，並藉此引導出創新思維的思考方式。

在閱讀本書的時候，希望大家可以把「知識」作為素材，發揮「深思熟慮的能力」，去思考「運用知識的方式」以及「找出答案的方法」。這樣一來絕對能讓你在自己的心中找到以前從來沒有發現的新思維。想必這個成果一定可以讓你拓展發想力，成為以後幫助思考的素材！

本書第一項思考實驗就是「沼澤人」的故事，請大家在準備往後翻頁的時候，可以先想像一下沼澤人到底是什麼樣的人物。

想像力實驗室：鍛鍊發想力的33個思考實驗　目錄

第2章　數字與直覺相反的思考實驗　81

第4章　對現實常識存疑的思考實驗　213

第 1 章

探究心靈是否存在的思考實驗

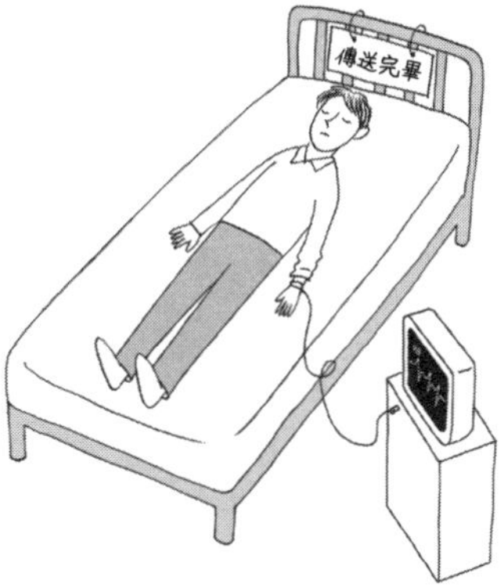

【思考實驗No.01】

沼澤人

男子今天一如往常地在早上七點起床了。在他的枕頭旁邊，放著昨晚讀到第一八三頁的書。男子把書放回書架，輕巧地走到一樓。他看了看餐桌，桌上已經準備好了早餐，便和家人一起吃了麵包、蔬菜湯和兩根香腸，另外還有水煮蛋和牛奶。

「這個麵包真好吃耶。」

「真的嗎？那我下次再買吧。先別說這個了，你差不多該出門了，你打算十點到目的地吧？」

「是啊，我都差點忘了。」

男子是位攝影師，今天他要去山上拍照，明天則是預計和家人一起去市場買東西。

「我出門了。」

這一天，男子先開車到半山腰，接著步行到拍照地點，在這裡拍得十分順利。然而山上的天氣總是變化莫測，只見天空漸漸烏雲密布，還開始打起雷來了。男子覺得在這種天氣下還是能拍到好照片，便繼續又拍了一陣子，總算在下午兩點過後開始下山。

男子在下山途中行經一座沼澤附近，此時正好有兩道落雷擊中男子的身邊，男子當場就死在第一道落雷底下。

緊接著打下的第二道落雷，在沼澤裡引發化學反應，冒出了一個和男子一模一樣的人物。

「剛才那道光是怎麼回事啊？嚇死我了。我還以為是打雷了。嗯……現在看起來好像沒事的樣子。呼，真是太危險了，我還是趕快回家吧。」

在化學反應中誕生的男子（以下稱為沼澤人）急忙下山，開著車朝家裡移動，並在下午四點半的時候回到了家。

「我回來了～～」

「你回來啦，今天還真早啊。」

「因為天氣突然變壞了呀，我就趕快拍一拍回來了。你看，我拍了很多好看的照片喔。」

「那真是太好了。對了對了，你應該沒忘記明天的行程吧？」

「當然沒忘，我們約好要去市場買東西。話說，你有幫我買早上的麵包回來嗎？」

沼澤人一如往常地和家人吃了晚餐，然後回到房間，從書架拿下那本看到一半的書，開始從第一八三頁讀了起來。

全家人都沒發現他是沼澤人，隔天他同樣也是一如往常地起床，和家人吃了早餐，一起出門去市場買東西。

於是沼澤人開始過起了男子的人生，就連他本人也沒有發現自己其實是沼澤人。

那麼請問一下，沼澤人和男子是同一個人嗎？

又或者他們是不同人呢？

思考提示

「沼澤人」（Swampman）是美國哲學家唐納德．戴維森（Donald Davidson）在一九八七年提出的思考實驗。

沼澤人身上所有細胞都與男子一模一樣。他擁有男子的一切記憶，不管是喜好或人品也都與原本的男子沒有兩樣。無論是本人、家人還是朋友，沒有任何人發現他其實是沼澤人。

既然所有細胞都和人沒有兩樣的話，沼澤人當然也和人一樣會增長年紀，也可以生小孩，和人一樣會結束自己的一生。不管是身體還是記憶，沼澤人都與男子沒有任何分別。不過，在男子死去的當時，沼澤人對於落雷衝擊的記憶可能和男子不太一樣。不管我們再怎麼仔細尋找，唯一的不同之處也只有這裡而已。

既然如此，我們可以說沼澤人與死去的男子是同一個人嗎？

針對這個問題，我猜大家應該會有不同意見。無論覺得他們是同一人，抑或覺得是不同人，這些都可以稱為是正確答案。

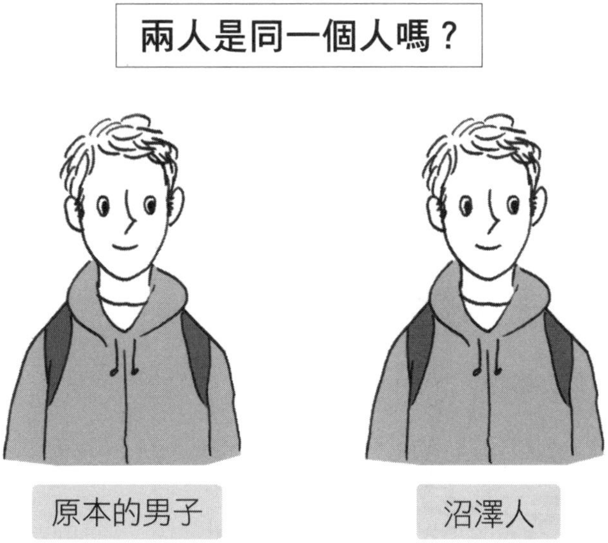

上一本《思考實驗室：鍛鍊邏輯思考力的33個思考實驗》介紹的忒修斯之船（Ship of Theseus）說明了只要依照不同標準，同樣的東西就會看起來變得不一樣。這裡的沼澤人也是同樣的道理。男子和沼澤人可以說是同一個人，也可以說是不同人。

● 在物質上來看，男子和沼澤人是同一個人

畢竟連所有細胞也一模一樣，又擁有相同的人生記憶，不管本人、還是家人都分不出來的話，這樣當然可以視為同一個人吧。

明明找不到不同之處，卻說他們是不同人的主張才是難以讓人信服。

以不同意識的個體來思考

沼澤人本人也不疑有他地表示自己就是原本的男子。即使告訴他真正的實情，他大概也會回答：「事實上就是我活在這裡，不可能發生過那種意外的。」

以物質的角度來看，男子與沼澤人之間沒有任何分別，所以他們可視為同一個人。

●男子與沼澤人擁有各別的意識與不同的過去

請想像一下如果死去的男子靈魂在一旁看著沼澤人，他一定覺得那裡有個和自己長得很像的人吧。在死去的男子眼中，沼澤人確實是另一個與男子擁有不同意識的生命體。

以擁有不同的持續性來思考

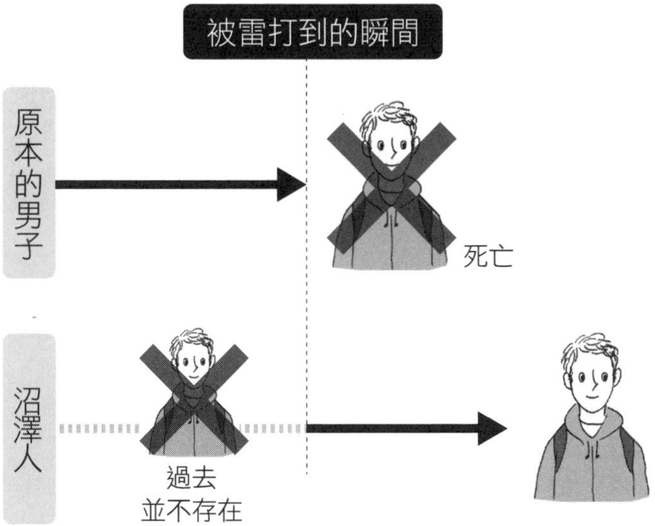

兩人另一個最大的不同就在於是否擁有過去。男子從出生開始，就是以自己的身分走過自己的人生，然而，沼澤人就不一樣了，沼澤人是在那道落雷中誕生的，在落雷打下來以前，沼澤人並不存在於這個世上。男子與沼澤人之間的差別就是持續性。

在沼澤人回家的前一天，世界上並沒有沼澤人的存在，當時存在於這裡的是被雷打到以前的男子，這個事實可說是最明確的差異了吧。

透過這一點，提出這項思考實驗的唐納德．戴維森便認為男子與沼澤人不是同一個人。

【思考實驗No.02】

傳送裝置1

吉田博人為了去巴西出差，來到了東京都內的某個地方。這個地方不是機場，而是一間傳送所，他打算用傳送裝置瞬間移動到巴西的聖保羅。

「這就是傳送裝置啊……」

「您是第一次使用嗎？」

傳送所的女職員熟練地拿著板夾，一邊在上面的紙疾書振筆、一邊招呼博人。

「對，我是第一次使用。這個機器真的能讓我飛到巴西嗎？」

「是的。除了巴西之外，也能讓你瞬間移動到全球約一百二十個國家喔。」

「這還真是厲害。」

博人這麼說著，把票遞給了職員。

「請讓我確認一下票。我看看……您是要去巴西對吧？」

「是的，我兩點要在聖保羅開會。」

「我明白了。現在我要處理一下設定，請您暫時稍等一下。」

博人靜靜地坐在沙發上，望著職員進行作業的模樣。

「接下來我只要走進那個機器，就會被傳送到巴西了。這是要怎麼傳送啊……？」

愈想愈擔心的博人站了起來，走近職員身邊。

「這位客人，請問怎麼了嗎？」

「請問這個傳送裝置要如何把我送到巴西？竟然不用飛到空中就能讓我在一瞬間……」

「是的，只要一瞬間就會抵達喔。您只要靜靜待在這個裝置裡，大概花二十秒掃描後就會傳送完畢。」

「呃……所以換句話說，就是掃描我的身體，再把掃描後的資料傳到巴西……」

「就是這麼一回事。」

博人思考了數秒，冒出了一個巨大的疑問。

「那我會變成什麼樣子？」

「……？這樣您就會抵達巴西的聖保羅。」

「不對，我不是那個意思。原本待在這裡的我會怎麼樣呢？把掃描後的資料傳到巴西之後，本來在東京的我會變成什麼樣子？」

職員明白了這個問題的意圖，笑臉盈盈地開始說明。

「您的資料被送到巴西的聖保羅後，原本身在東京的您就會在一瞬間被分解，所以這個傳送裝置裡不會留下任何東西。畢竟要是出現兩個相同的人，一定會讓人很傷腦筋吧。這個部分我們會好好處理，請您儘管放心。另外，分解的時候當然也不會感到疼痛，而且您在那個當下已經抵達聖保羅了，會在不知道受到分解的情況下踏上巴西的土地。」

「真的不會痛嗎？」

「是的，我每天都會在這裡分解許多客人，真的只要一瞬間就會分解完畢，大家連變換表情的時間也沒有，所以請您放心吧。只要體驗過一次，您以後就不會有任何遲疑了。」

「嗯……這個詭異感到底該怎麼說才好……」

「客人，機器已經設定完成了。現在是一點二十五分。」

「好的。總之我得先去開會才行……」

博人進入了傳送裝置，靜靜地等待那一刻到來，接著就在一分鐘後，他眼前的門自動開啟，剛才那位女職員已經不見蹤影了。現在這裡看起來的確就是巴西的聖保羅。

「真的就跟她說的一樣什麼事也沒有，但是在東京的我已經被分解了吧。這股奇妙的心情該怎麼說才好啊……」

那麼請問一下，東京的博人到底怎麼樣了呢？聖保羅的博人不是博人本人嗎？

思考提示

在這項思考實驗中，使用了在各種電影和動畫都登場過的傳送裝置。請大家發揮一下想像，運用創意發想來思考看看。

「傳送裝置」與剛才介紹過的「沼澤人」是相同道理的思考實驗。在〈沼澤人〉的故事中，出現了連細胞也與死在雷擊中的男子一模一樣的沼澤人；被傳送到目的地的博人如同沼澤人，在物理上都與傳送前的博人沒有任何分別，無論是身體還是記憶，所有一切都是相同的。請問東京的博人和聖保羅的博人是同一個人嗎？

●聖保羅的博人的過往

在〈沼澤人〉中，被雷打死的男子與沼澤人有著不同的過去。在男子被雷打到的前一刻為止，沼澤人都不存在於這個世界上，是突然冒出來的。

那聖保羅的博人又是怎麼一回事呢？

聖保羅的博人一小時之前究竟身在何處呢？雖然我們都想回答「在東京」，但是聖保羅的博人是在資料傳送過去後再重新組合而成，所以把他視為如同沼澤人一般，同樣都是突然冒出來的存在才比較自然。

沼澤人與博人的不同之處，就是「沼澤人」是在男子被雷打死之後，緊接著才出現了沼澤人；〈傳送裝置1〉則是反過來，博人接受完掃描再被平安送到巴西之後（抑或是同時），東京的博人才受到分解。

換言之，東京的博人在被分解的前一刻，他就已經知道自己接下來要被分解了。「我現在已經出發去聖保羅了。奇怪？可是我還在這裡啊。去聖保羅的人難道不是我嗎？原來如此，應該是我的複製品去了聖保羅，而我現在就要被分解了啊……可是我明明就在這裡，為什麼會說我已經抵達聖保羅了？在聖保羅的博人和我是不同人啊，但是為什麼我現在卻要被消滅呢……？」

就算遭到分解的時候會產生痛楚，博人本人不但沒有辦法告訴其他人，身在聖保羅的博人更不可能感受得到。這時候在聖保羅的博人只會覺得自己「轉眼之間就移動到巴西了」。聖保羅的博人深信自己就是原本位在東京的博人。現在東京的博人確實已經被分解，聖保羅的博人也不可能會有那時候的記憶，所以這只能視為其中一個博人消失，

「沼澤人」與博人有什麼不同呢？

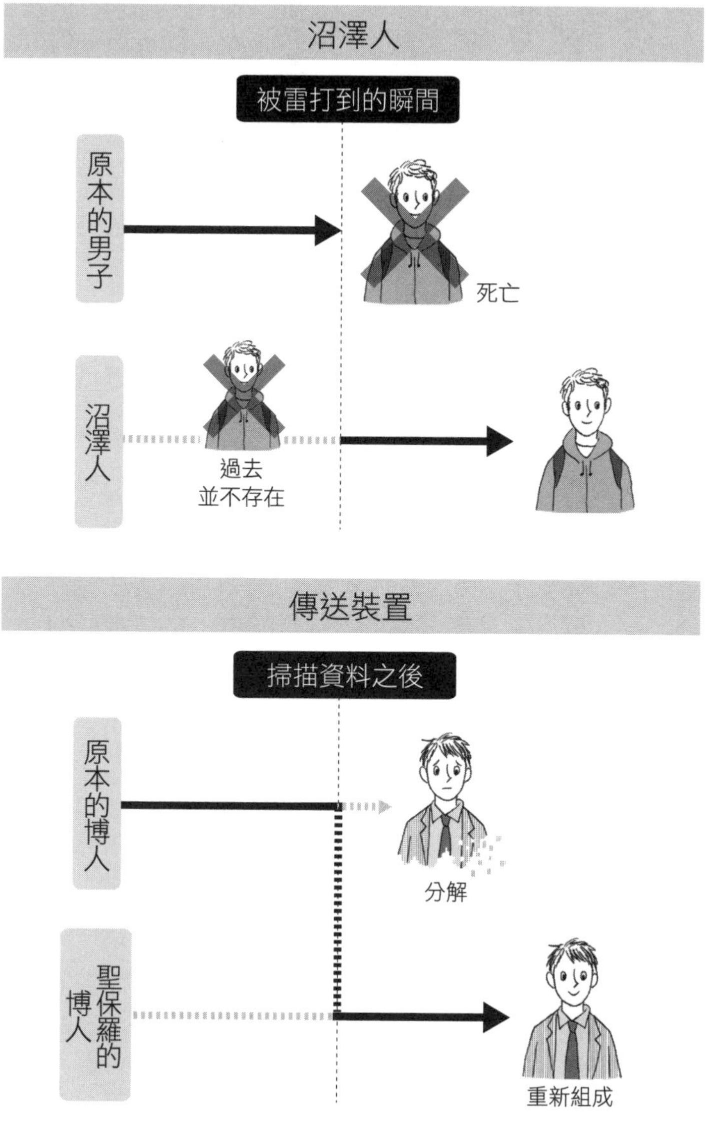

而另一個博人抵達了聖保羅。

這篇故事與沼澤人另一個不同之處，就是這一切都是在本人的同意之下，依照本人的要求進行傳送。傳送所確實有獲得本人的同意，當事人在事前就知道東京的博人會被消滅。打個比方來說，其實我們可以把這個情況想成是毫無窒礙的權利轉移。沼澤人是在連本人也不曉得自己是沼澤人的狀態下過生活，但是聖保羅的博人知道自己是經過掃描後重新組成的「同一人物」。

針對這個傳送裝置的思考實驗，如果問大家「傳送前的人和傳送後的人是同一個人嗎」，常常會得到「不是同一個人」的答案。因為東京的博人並沒有移動，傳送裝置消滅了東京的博人，在聖保羅創造出另一個新的博人。簡單來說，這就代表東京的博人已經死亡了吧。其實沼澤人的故事也是一樣，提出這項思考實驗的唐納德·戴維森也覺得原本的男子和沼澤人並不是同一個人。

關於是不是同一個人的問題，在下一項思考實驗還會繼續提到，所以現在我想先用其他角度來談談傳送裝置。

●傳送裝置與故事

「假如這個世界上真的有『任意門』的話呢？」

只要是日本人，大家應該都曾經想過這個問題吧。由此可見傳送裝置是個多麼讓人有想像空間的工具。

在各式各樣的電影和動畫作品中，會出現能讓人從A地點瞬間移動到B地點的裝置或魔法，經常成為引導故事走向的開端，對登場人物來說是不可或缺的活躍工具，看得出來傳送裝置真的是能打造出意外發展的方便素材。那麼我們就來稍微想一想，要是傳送裝置傳送失敗，造成一發不可收拾的局面時，這時候會出現什麼樣的設定呢？

比方來說，像是瞬間移動的空間產生扭曲，把人傳送到預料之外的地方；失去原本應該傳送的資訊，連當事人也跟著憑空消失；資料出現意外變化，最後創造出截然不同的生命體，或是當事人的記憶遭到竄改……感覺上會有更多想像空間的樣子。

從A地點移動到B地點的簡單設定，真的能衍伸出各式各樣的創意發想，不曉得傳送裝置的設定，以後又會在什麼電影或動畫中孕育出料想之外的發展。

這邊想要探討的重點，就是「傳送」技術真的全是虛構的嗎？雖然不曉得以後會不會出現像博人使用的那種傳送裝置，但是未來依然蘊藏著以某種形式達到「傳送」的可能性。

聽說就在最近，在量子力學的世界已經讓光子等級的微小物質成功瞬間移動了。其實正確來說應該是「資訊」的瞬間移動，但是對於極其微小的物質而言，這幾乎等同於是瞬間移動的樣子。說不定在不久的將來，我們很有機會可以成功傳送物品或微生物，要是真的能做到這一步，傳送人類一定也不再遙不可及了。不曉得在一百年後，會不會很流行利用傳送裝置來旅行呢？

我聽到未來的某間公司在會議室開會的聲音了。下一項思考實驗就是以與傳送裝置有關的旅行社作為舞台。

【思考實驗No.03】

傳送裝置2

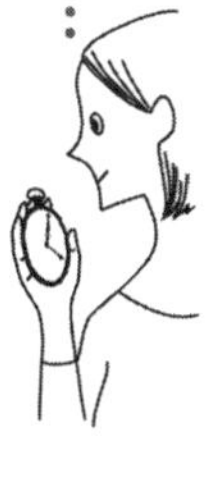

在某間旅行社的會議室裡，正在進行討論是否要引進傳送裝置的會議。

「我反對。那個傳送裝置只是在複製客人，再把複製的人送到遠方的東西。換言之，這等同於是在製造複製人後殺掉本體的行為。」

員工山崎表示反對公司引進傳送裝置。公司內部出現分歧的意見，大家已經連續討論好幾天了。

「不過，對手的A公司和B公司都已經引進傳送裝置，業績蒸蒸日上。我們公司也不能像這樣永遠都不引進吧。」

部長伊藤考量到公司的業績，覺得引進傳送裝置比較好。

接著，其他員工也開始表達意見。

「現在不少機場都已經變成了傳送所，總有一天就會不再需要飛機。等到那個時候，沒有傳送裝置的旅行社根本經營不下去。」

「不，飛機一定會留下來的。現在還有很多排斥傳送裝置的人，這些客人會比一般人更堅持搭飛機享受旅行。」

「就算如此，特地不引進傳送裝置的作法實在太愚蠢了吧。就像你剛才說的，你覺得傳送裝置是在製造複製人所以反對，那只要支持這個論點的客人選擇搭飛機不就好了。」

「我不是那個意思。」

就像是要蓋過唇槍舌戰的意見，山崎加重了語氣說道。

「我覺得以本公司的方針來看，我們不該從事這種製造客人的複製人後，再消滅本體的生意。請大家用傳真來想像一下，A公司要傳真到B公司的時候，放在A公司是正本，傳送到B公司的就是複本對吧？傳送裝置就像是傳真一樣的東西。」

傳送裝置中存在著道德倫理的問題嗎？

思考提示

●傳真與傳送裝置

傳真會留下正本，將複本傳送給對方，所以正本不會被消滅，會繼續留在原本的地方。

假設不只是紙製品，所有東西都能利用傳真把相似的版本傳送出去，大家一定還是會認為正本才是原始版本，被傳送出去的是複本吧。如果把傳真的概念套用到傳送裝置上，傳送之前的人當然就是本體，傳送後的人也只會是複製品。

若要實際運用傳送裝置，可能要訂定出這樣的規則：「傳送裝置會消

如果把傳送裝置想成傳真的話……？

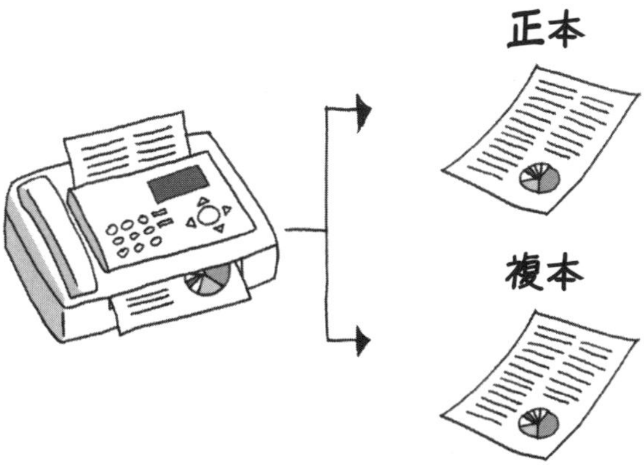

雖然外觀和內容都一樣，
複本仍然只是複本嗎？

滅本體，所以複製品視同新的本體。」要是原本就存在著於傳真完畢後，正本擔負的角色或任務會移轉到複本的「常識」，或許大家會比現在更加接受傳送裝置吧。

常識會隨著時代變遷產生變化，像傳送裝置的「複製品」和「本體」的這種概念，說不定以後也會隨著時代而改變。

●你會使用傳送裝置嗎？

如果現實中真的製造出了前述故事的那種傳送裝置，請問你會想使用看看嗎？我想很多人都對於「原本的自己」會遭到分解的部分感到不安吧。到時候一定會分成使用和不使用這兩派，並像這篇故事一樣在社會上引發倫理爭議的話題。或許法律也可以明文規定「傳送完畢者視同傳送之前者」，只是這樣依然無法抹滅大家對於這一點的不安。

那麼「原本的自己」究竟是什麼？為什麼昨天的自己和今天的自己是同一個人呢？人的記憶是連續的，所以我們明白今天的自己和昨天的自己，還有十分鐘前的自己都是同一個人，因為我們存在著過去的記憶，才能分辨現在的自己是何許人也。

記憶的連續性打造了「自己」

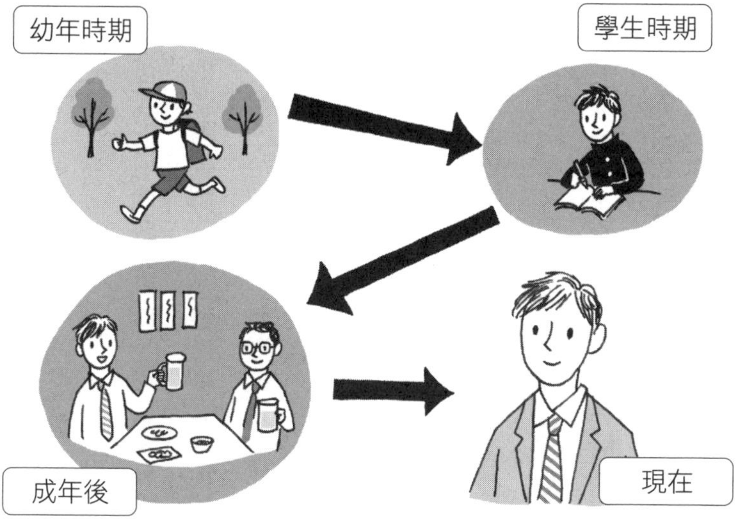

若從這一點來思考，傳送後的自己承接了傳送前的記憶，所以能斬釘截鐵地分辨自己就是本人，兩者當然可以視為同一個人。感覺上就算把傳送前的自己想成是過去的殘影也不為過。因為傳送裝置會把殘影好好處理乾淨，世界上並不會存在兩個自己。

儘管這樣可能還是會讓人有複製品的感覺，但是仔細想想，現在的自己和一年前相比，其實體內已經替換過許多細胞了。人的身體透過代謝作用，隨時會讓細胞汰舊換新來維持生命，人類不可能連細胞也永遠和以前一模一樣。

我們可不可以把這個傳送過程，視為所有細胞在瞬間產生的新陳代謝呢？傳送的目的當然不是要把老舊細胞汰換成健康細胞，但是分解原有細胞轉變成新細胞的變化，就和新陳代謝是一樣的道理。而且傳送裝置會比新陳代謝更正確地進行複製，所以在物質上並不會產生任何一絲改變。

不過就算這麼想，其中還是存在著難以抹去的不安元素，那就是「心靈的所在」。我猜很多人最介意的就是「在傳送的時候，我的心靈也會一起被傳送過去嗎」的部分。一旦開始進行分解，大家一定會像〈傳送裝置1〉身在東京的博人一樣，心想著「自己現在就要消失了」，並對自己即將被分解的現實感到恐懼。而且傳送裝置只是掃描而已，認為傳送前的自己才是本人的意識會讓你開始抗拒傳送裝置。

在目前還無法解開心靈真相的現在，這個問題並沒有完全正確的答案。我們現在只明白在進行傳送的瞬間，原本的自己會被分解的事實。在這個分解過程中，心靈也會跟著一起受到分解。不過在那個瞬間，又會製造出另一個連細胞也一模一樣的個體，打造出無論記憶還是一切都如出一轍的人物。

如果心靈等同於記憶的話，說不定就能想成是連心靈也一起被傳送過去了。

「心靈等同於記憶嗎？」

關於這個問題的答案，似乎只能等待大腦研究的日新月異了。到了將來，說不定就能等到我們搞清楚心靈的真面目且故事中的傳送裝置在社會上普及的那一天。

【思考實驗No.04】

傳送裝置3

「傳送裝置會連心靈也一起傳送過去，所以本體就會失去心靈。因為一個人的身體裡，本來就只會有一個心靈。既然傳送後的人會在過程中獲得心靈，那麼留在原地的本體就只是沒有心靈的動物。」

研究員在長年的研究下，得到了傳送前的本體會失去心靈的「傳送失心理論」。

對於抗拒傳送裝置的人來說，該理論也很容易接受，因為它能讓大家卸下面對傳送的恐懼。這個理論深深滲入社會，成為一般大眾的常識，傳送裝置便開始逐漸受到社會的認同。

以這個理論作為基礎，提出「傳送失心理論」的研究員冒出了某種想法。

「反正最後都要分解消失，乾脆把本體的器官拿來使用也無妨吧？畢竟在傳送完畢後，本體就會失去原本的心靈。既然失去了心靈，那就不需要把本體視為人類了，這麼一來，說不定就能創造出不必再擔心沒有器官可移植的世界。這一切都是出於善意，是一件很美好的行為。」

接下來研究員又繼續深入思考了。

「但是這個作法一旦公諸於世，一定會在社會上造成恐慌，說不定以後就沒人敢使用傳送裝置了。為了避免這個情況，看來要先偷偷隔離本體才行。正常來說，通常不會向受贈者透露器官捐贈者的資訊，所以這個方式行得通，這麼做絕對能對社會有所貢獻。」

於是在傳送中失去心靈、身體又健康的人們，便開始成為器官移植的捐贈者。等待器官的患者資料會連結到傳送裝置上，當適合成為捐贈者的人使用傳送裝置時，當事人便不會被分解，而是以器官捐贈者的身分另外受到隔離。緊接著移植手術會立刻開始進行，等手術結束後，再迅速地分解掉成為捐贈者的人。

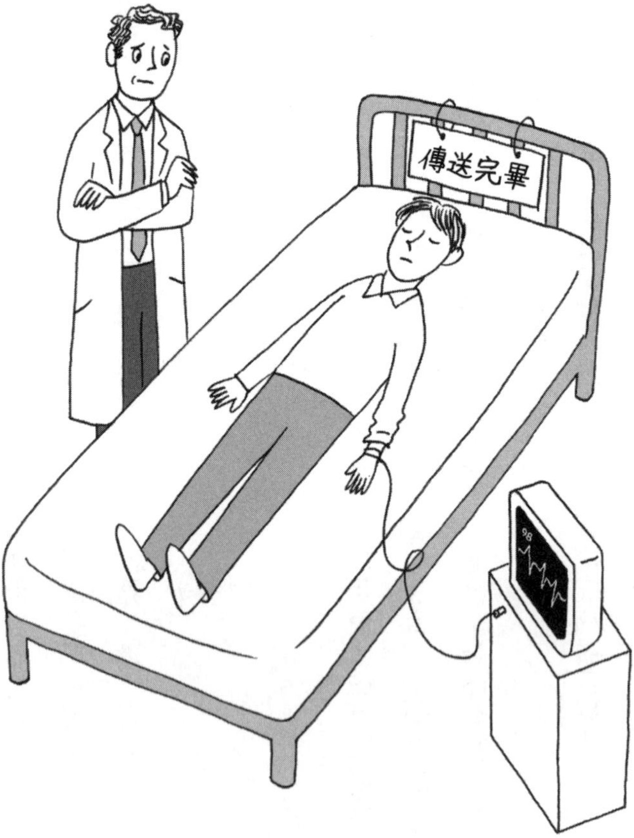

這位研究員打造的器官捐贈方式是個理想的做法嗎？

思考提示

石黑一雄（Kazuo Ishiguro）在二〇〇五年發表的小說《別讓我走》（Never let me go），就是以複製人沒有心靈作為發想，描寫主角們被迫成為器官捐贈者的故事。這部小說曾被改編為同名電影，二〇一〇年在英國正式上映，二〇一六在日本也翻拍成連續劇（《別讓我走》／TBS電視台）。

故事描述人們相信複製人沒有心靈，默許培育器官捐贈者的社會黑暗面。為了這種圖方便的理由，眾人同意讓醫療系統建立在部分族群的不幸上。

不同於《別讓我走》是為了獲得器官而培育捐贈者，〈傳送裝置3〉是當適合捐贈器官的人使用傳送裝置時，才會把對方當成器官捐贈者。幫助完等待器官的患者後，再迅速地分解當事人。

反正最後會立刻受到分解，能像這樣幫助等待器官捐贈的患者，這難道不是個何樂不為的醫療方式嗎？至少不像《別讓我走》的故事那樣，主角們必須面對無情的現實，只能背負著不得不接受的殘酷命運，過著長久的痛苦生活。就算當事人會在一瞬間覺得一頭霧水，他也會馬上陷入沉睡，手術結束後也不需要醒過來，就是直接受到分解而已。

為什麼我們會對這種傳送方式感到抗拒呢？

●一旦公諸於世就會造成社會恐慌的醫療方式

如同故事中的研究員所擔心的，這種器官捐贈方式一旦公諸於世，傳送裝置的使用者絕對會驟減吧。除此之外，大家還會開始害怕透露與器官捐贈有關的個人資料，參加捐血和健康檢查的人不但會隨之減少，醫療機關也會跟著一起大亂。

換句話說，這可以說是會為人們帶來恐懼的做法。我們必須把因器官捐贈而獲救的人命，與大眾感受到的恐懼放在天秤上衡量，這樣便可猜到這是多麼難以實現的目標。

此外，如果這個方式獲得認同，說不定有人會故意讓適合捐贈器官的人使用傳送裝置，或是當事人在進行健康檢查的時候，在沒有被告知的情況下讓陌生機器掃描身體，而於無意之間莫名製造出另一個自己也說不定。

社會容易對新事物敬而遠之，產生排斥的傾向，像是人工墮胎、人工授精、同性婚姻等等，都是需要時間才能接受的概念。雖然這種新制度目前仍有強烈的反對聲浪，但是都比當初少了許多，已經正在逐漸融入社會中了。

在距今一百年之後的未來，哪些觀念會成為大家口中的常識呢？像這樣透過思考實驗重新省視未來，為將來的變化做準備，說不定就能讓世界看起來更不一樣。

【思考實驗No.05】

人類分裂

山村是參與以人工方式讓正常細胞迅速分裂並以此治療各種疾病的專案研究員，從昨晚開始就不斷在用老鼠重複實驗的他，終於在敲門聲中發現原來已經早上了。

「請進。」

山村用抹布輕輕擦拭在實驗中噴濺到地板和身上的藥劑，朝著打開的門走去時，只見與他共事的中本和森拿著一個巨大裝置走進研究室。

「這就是那個裝置的試用機啊？」

「是啊。患者和醫生從這裡進去後，由醫生鎖定需要分裂的地方再注入藥劑。接著讓患者單獨待在裡面，再由我們透過電腦操控，就能讓鎖定好的正常細胞單獨進行分裂……這就是一連串的流程。」

等中本說明完，山村便進入裝置裡開始做確認。

幾分鐘之後，當森一設定好電腦，裝置內部突然產生了電流，頓時散發出強烈的光線，而也才過了幾分鐘，卻發現有兩個山村倒在裝置裡面。

「他們看起來好像是昏倒了。咦，這裡有兩個山村……？這到底是怎麼回事……？」

「總、總之先把他們搬到醫務室吧。」

看來山村似乎是整個身體進行了分裂。到了隔天，各自身在不同房間的山村醒了過來，由於兩人實在是如出一轍，讓前去探視的中本和森都難掩震驚。

「沒想到少量的藥劑竟然會引發這種效果，真是太難以置信了。到底誰才是真正的山村啊？」

「他們的記憶和外表都沒有任何分別啊，就算和他們說過話也還是分不出來。」

「不過，他們的確都認為自己才是真正的山村，這下該怎麼辦才好呀？」

到底誰才是真正的山村呢？如果他們都是本人的話，本來應該只有一個人的山村卻變成了兩個人。世界上不可能會有兩個山村，所以一定有一個是真的、一個是假的才對吧？

思考提示

我們將兩個山村分成山村A和山村B。

山村A和山村B擁有一模一樣的身體和完全相同的記憶，無論是興趣、喜好還是情感，全部都和原本的山村沒有兩樣。

不過，這表示他們兩人都是山村嗎？

那麼山村至今的工作要歸給誰呢？薪水該給哪一個人？住家和所有物、還有家人都屬於山村A的嗎？又或者是山村B的呢？

看來要是不分清楚誰才是真正的山村，事情就會變得很麻煩。但是就算我們這麼想，這兩個人不但一模一樣，他們也堅持自己就是真正的山村，根本不可能分得出來。如果在這個瞬間，山村A因為交通意外死亡的話，或許就可以直接把山村B當作真正的山村，只是現階段就是有兩個山村存在。

請問，「如果山村A因為交通意外死亡的話，就可以把山村B當作真正的山村」這是正確想法嗎？那不就表示因為有山村A，所以才沒辦法把山村B視為真正的山村嗎？

山村在分裂之後，誰才是真正的山村呢？

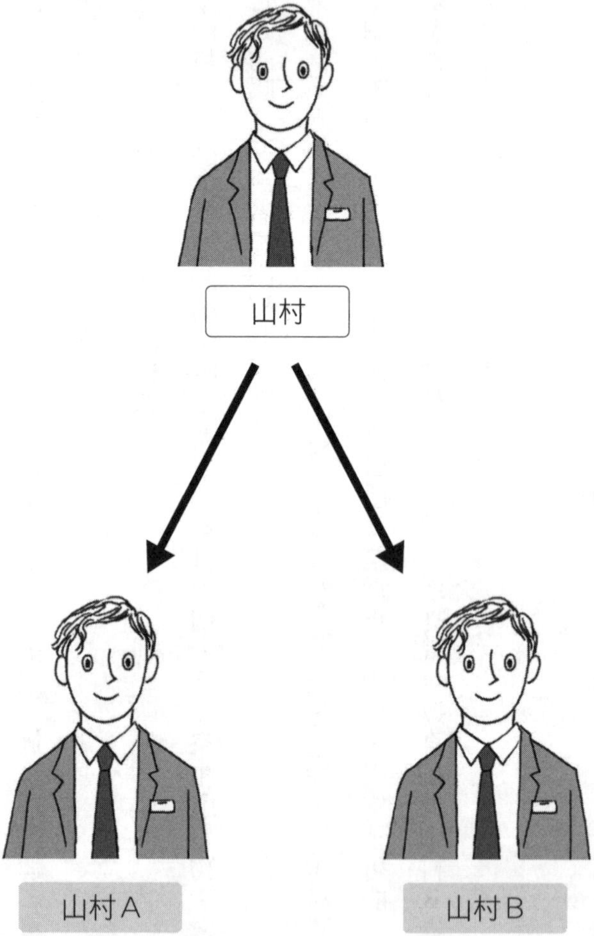

兩個人都是山村嗎？

還是其中只有一個人是山村呢？

這個說法聽起來好像有點怪怪的。

換成狗來思考看看

假設你養了一隻叫小黑的狗，結果在某天早上，你的愛犬分裂成兩隻的話該怎麼辦？這邊是以你已經知道小黑產生分裂作為前提。

你看不出來這兩隻誰才是真正的小黑，牠們看起來都和小黑一模一樣，不管是個性還是叫聲，全部都與小黑如出一轍。你會以「小黑只有一隻」為由，把其中一隻狗丟掉嗎？在這個情況下，你應該無法指出誰才是真正的小黑。假如只是甜甜圈的話，不管選哪一個都沒差，但這可是自己的愛犬，很難讓人隨便決定哪隻是真正的小黑吧。

想必一定有人會覺得這是「小黑變成了兩隻」，並將兩隻狗視為不同個體，分別取不一樣的名字來愛著牠們，要是還有養狗的餘力，應該會決定兩隻一起養，然後再過幾年，便能以不同的狗來分辨牠們吧。

我希望大家特別注意的一點，就是這裡並沒有解決「哪隻才是小黑」的問題。

原本的「小黑」已經變成了兩隻狗，所以沒有必要去找出哪隻才是真正的小黑。因為在分裂的當下，小黑A和小黑B不管怎麼比都是一模一樣，選出「哪一隻」的問題本身就很怪異。

那麼，這兩隻狗都是真正的小黑嗎？

比方來說，假設名畫《蒙娜麗莎》分裂成兩幅的話，《蒙娜麗莎》的價值就無法維持在原本的等級了吧。在分裂成兩幅的當下，名畫就不再和當初只有一幅的時候「完全一樣」了。即使我們想要判斷兩邊都是真正的《蒙娜麗莎》，李奧納多・達文西（Leonardo Da Vinci）親手畫的《蒙娜麗莎》依然只有一幅，會出現與事實不符的情況。

這樣思考之後，我們似乎也很難將兩隻狗都視為真正的小黑。因為小黑只有一隻，才能一直以小黑的身分存在，所以在變成兩隻的當下，把牠們當成「新小黑」似乎比較容易讓人接受。話雖如此，說兩隻都不是小黑也好像不太對吧，即使現在變成了兩隻，打造出新小黑的細胞與原本的小黑完全沒有兩樣，所以把牠們當成假的小黑就是個錯誤判斷。

如果是剛才提到的《蒙娜麗莎》，美術館並不會因為《蒙娜麗莎》變成了兩幅，就把畫視為贗品，從館內撤下來吧。館方應該會採取像是處理掉其中一幅的措施，然後再把另一幅視為原本的《蒙娜麗莎》，一如往常地掛在館內綻放光采。這個舉動，就代表了分裂並不等同於是失去真品的意思。

現在再回到山村的話題吧。

另一個新的山村出現後，便讓山村沒辦法維持原有的人際關係。因為身邊多了一個與自己親近到無法忽視的人物，此時的山村再也無法像以前的山村一樣了。所以故事中的山村只能拋下兩邊都是本人的想法，以「新山村」之姿接受有兩個山村的現實。

接著，只要再過幾年，兩人應該就會成為擁有個別記憶的不同個體了。

【思考實驗No.06】

中文房間

菲爾說英文，也看得懂英文字母，但是他完全不了解其他語言。他覺得漢字看起來就像符號或圖畫一樣，根本看不懂那些到底代表什麼意思。

某天，菲爾在研究員朋友的邀約下前來協助某場實驗。

「請你進入這個房間，並依照指示回答問題。」

「依照指示？是什麼樣的指示啊？」

「等你進去就知道了。有人會從那邊的小窗戶放紙片進去，你就照著上面的內容回答問題。在房間裡面已經寫好了回答問題的方式。」

「我知道了，那我就試試看吧。」

菲爾這麼說完後走進了房間，緊接著就有人放了一張紙片進來。

「我看看喔……這上面寫了什麼？啊～～是這樣啊，這是叫做漢字的文字吧？這我當然看不懂啊。」

菲爾想起朋友對他說「房間裡有寫好回答問題的方式」，開始四處張望。房間裡的確有許多「對照表」，在表上可以找到與紙片相同的符號（漢字）。

「有了、有了。這邊是要這樣來回答吧。雖然我都看不懂，但我只要照著寫出一模一樣的答案就好吧。」

菲爾仔細地抄寫好答案，再把紙片拿到小窗戶的外面。在這之後，菲爾照著指示不斷重覆相同的動作，他每次都會很細心地把答案抄好，再把紙片放回去。

過了一陣子，菲爾的朋友過來接他了。

「謝謝你，真是幫了我一個大忙。」

「雖然我不曉得這是在做什麼，但是幸好有幫上你的忙。不過話說回來，我覺得紙上的筆跡好像都不一樣耶，那些都是不同人放進來的嗎？」

菲爾在這個房間裡看著中文的紙片，並寫出符合的答案。這些看起來莫名其妙、在菲爾眼裡就像符號或圖樣的文字，都是幾位說著道地中文的受試者在房間外面寫好放進去的。然後在實驗結束後，研究員便這樣詢問了受試者：

「房間裡的人看得懂中文嗎？」

只見受試者毫不猶豫地這麼回答。

「他懂啊。他都是用正確的中文在回答喔。」

「完全不會覺得他不懂中文，裡面的人應該和我一樣都會說中文。」

請問有菲爾在的這個房間真的「懂中文」嗎？

THE CORRESPONDENCE TABLE
IN
OUT
你好

思考提示

我們的第一個反應，就是覺得「菲爾只是看著自己看不懂的文字，再抄寫下自己看不懂的答案，他完全不知道上面寫了什麼」。

在參加完實驗之後，菲爾表示「完全不知道自己在做什麼」。然而相反的是，受試者卻以為菲爾使用了正確的中文在和自己溝通。

我們可以從這個中文房間的外面，證明房間裡的人不懂中文嗎？要是無法證明的話，是不是只能說有菲爾在的這個房間懂中文呢？

大家可以試著從不同設定來思考看看。

某間高中要進行數學考試。有位名叫秀人的學生完全不懂數學，但是卻很擅長背書，於是他就把整本課本全部背了下來。

好了，數學考試開始了。假設秀人看著他完全不懂的題目，知道這一題「雖然數字不同，但是和課本第一二三頁的例題一樣，必須用A公式來解題」，而且最後還答對了。

秀人本人不知道自己解出了什麼答案，也完全不曉得公式的意義，不過我想改考卷的老師，一定覺得「這個學生已經理解這個公式了」。但是想當然耳，其實秀人根本什麼也不懂。假如秀人就這樣背下了全部的公式，把世界上所有的題型也背起來，什麼問題都解得出來的話呢？想必秀人一定能答對各式各樣的題目吧。這樣我們還可以說秀人對數學一竅不通嗎？如果可以的話，反而會讓人疑惑到底怎樣才算懂吧。

這項名叫「中文房間」的思考實驗，是由美國的哲學家約翰．希爾勒（John Searle）在一九八〇年提出的。其實這項思考實驗是用來推翻圖靈測試（Turing test）的產物，所謂的圖靈測試，就是用來判斷電腦是否具有智慧的考驗，測試方式就如下述所示。

現場有電腦A和人類B，他們的面前架著屏風，在屏風另一邊則有裁判。裁判要在這樣的情況下，判斷出A和B誰是電腦和人類。此外，雙方只能透過鍵盤文字來溝通。要是最後電腦能騙過30％以上的裁判，就能判定這台電腦具有智慧。

圖靈測試是英國的數學家艾倫・圖靈（Alan Turing）用來探討機器是否具有智慧的試驗，每名裁判進行測試的時間約為五分鐘。

現在我們就用圖靈測試來進行思考實驗看看吧。說不定大家就能了解裁判要下判斷有多麼地困難。

圖靈測試

你是
人類嗎？
我當然是
人類！
A
我也是
人類喔！
B
裁判

裁判僅能透過文字溝通來猜測誰才是人類

圖靈測試與一個問題

晴香參加了圖靈測試的實驗，這場實驗原本一個人大約要花五分鐘，但是這次採用了新的方式，僅能用一個問題來進行圖靈測試。

電腦A和人類B都是二十五歲女性。聽到有關二十五歲女性會喜歡的東西時，A不但會答出偏向女性風格的答案，也會使用女性化的用字遣詞。

晴香走進做實驗的房間後，才知道自己只能問「一個問題」。

「只能問一個問題啊……這樣我猜得出來嗎？要是我提出『喜歡什麼顏色並說明理由』的問題，A和B一定都答得出來吧……」

那麼請問一下，晴香會想出什麼樣的問題呢？

要想出圖靈測試的問題並不是一件易事，像是提出高難度的問題故意讓A答對，讓

B回答「不知道」，或是使用電腦難以理解的諷刺比喻或玩笑；又或者是提出稍微有一點難的計算題，看看電腦會不會不小心在一瞬間回答出來的問法可能也很有效。

二〇一四年，第一次有電腦成功騙過33%的裁判，通過了圖靈測試的考驗。不過，我們可以因為這台電腦通過了這場考驗，就說它真的具有智慧嗎？就算電腦撐過了五分鐘，但如果再繼續測試一小時，想必裁判一定能看出B才是人類吧。

如果最後裁判還是看不出來，這次真的就能說這台電腦具有智慧嗎？這一點依然讓人存疑。話說「電腦A具有智慧」和「裁判認為電腦A具有智慧」本來就不一樣。這就像是我們人類在不太會應付的對象面前也有辦法保持笑容，即使那個人以為「對方對自己有好感」，但實際上也不是「真正的好感」一樣。

由此可見，圖靈測試是個有缺陷的測試。

用來反駁「圖靈測試無法知道電腦是否具有智慧」的理論，就是約翰．希爾勒的「中文房間」。

菲爾與房間就代表了圖靈測試中的電腦，甚至還具有讓所有受試者都以為「房間裡的人懂中文」的超高性能。但即便如此，我們還是可以感覺到「無法斷定菲爾懂中文」。這就像剛才提到的，「房間裡的人懂中文」和「外面的人認為房間裡的人懂中文」的意思不一樣。

比方說，假設有人問「你喜歡蘋果還是哈密瓜」，這究竟該由誰來判斷哪個才是正確答案？菲爾會如何寫下這個問題的答案呢？如果他能答出「哈密瓜」，就能猜想這並非菲爾本人的意思，而是房間設計出來的答案。這下子就很難說菲爾真的有明白問題的意思了吧。

約翰．希爾勒認為電腦就和這個中文房間一樣，其實不是真的懂中文，也就是並不具有智慧。

●中文房間真的不懂中文嗎？

再深入來探討這項思考實驗，我們就會開始產生奇妙的思維，會往不同於約翰．希爾勒的方向去思考。

約翰・希爾勒是把整個中文房間當作電腦，菲爾不懂中文的事實就代表電腦不具有智慧的意思。

我們的確無法斷言菲爾懂中文，但是「中文房間」本身又如何呢？

大家可以把菲爾想作電腦裡的一個零件。如同我們不用明白整間工廠的運作，

整個「中文房間」不懂中文嗎？

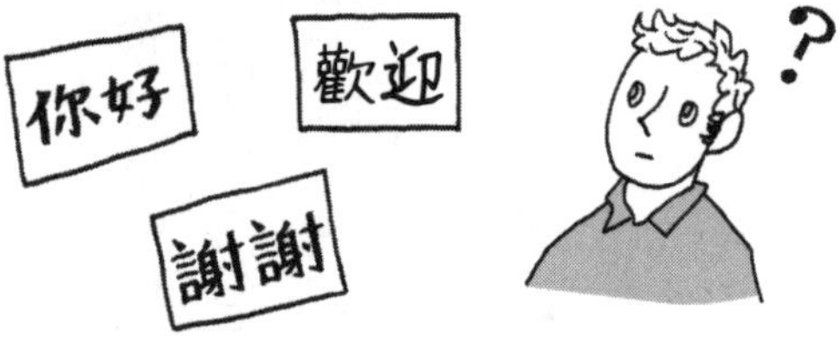

房間裡的人不懂中文

整個房間本身也不懂中文，
所以電腦不具有智慧。

也能流暢地完成其中一項流動作業一樣，電腦裡的零件也不需要去了解整台電腦。簡而言之，這表示無論菲爾懂不懂中文，都與這台電腦本身懂得中文的事實無關。

現在我們把這個中文房間，代換成自己的大腦來思考看看。

我們的大腦存在著許多菲爾，也就是雖然不曉得自己在做什麼，但是會對特定刺激產生固定反應的眾多腦神經細胞。大腦裡面會釋放電子信號傳遞訊息，但是不可能每個腦神經細胞都明白這些信號是什麼。

不過若是以整個「我」作為概念，可以得知我擁有心靈，也能好好理解事物的道理。這樣一想之後，我們的大腦是不是也和中文房間沒有兩樣呢？電腦的人工智慧和我們人類的智慧到底是差在哪裡呢？

接著下來，為了深入探討電腦究竟有沒有智慧，我要來進入下一項思考實驗。

【思考實驗No.07】

機器與心靈

「喂，阿茂，為什麼你老是忘東忘西呢？」

「萊拉克，我是不是一個健忘大王啊？」

為了回去拿忘記帶的車票卡，阿茂一回到家就立刻在房間裡翻箱倒櫃。

「你昨天是不是醉到把車票卡放進櫥櫃了？」

「真的嗎？啊，我找到了。謝謝你，萊拉克。」

「好了，我們快走吧。」

阿茂和萊拉克開始往車站移動。

「喂，阿茂，為什麼你不會在天上飛？」

「因為我身上沒有羽毛啊。你的身體就像小鳥一樣，所以你才會飛啊。」

一到了車站，阿茂刷了車票卡通過閘口。

「喂，阿茂，為什麼你搭車要付錢，我卻可以免費搭車？」

「因為你不是人類啊，你只是我的所有物。」

「這話未免太過分了吧，我就是我，就算我是你的家人，我也不是你的所有物。」

看到好像有點生氣的萊拉克，阿茂歪著頭想：「奇怪，它去年明明不會這樣說話啊……」

「呃，抱歉。因為……你是一台小型機器人，只要被放進我的包包裡就不用付車費了，這就是搭車的規定。」

請問萊拉克擁有「心靈」嗎？我們可以說它是阿茂的所有物嗎？

思考提示

現在的人工智慧能在將棋或圍棋上大勝職業選手、可以自動駕駛汽車，或是負責介紹設施內部，在我們的生活周遭大顯神威。

即使我們單方面地對機器狗或掃地機器人產生感情，但如果被問到「你覺得機器有心靈嗎」，現階段大多數的人都還是會回答「不覺得」吧。

雷．庫茲威爾（Ray Kurzweil）是美國的未來學家，同時也是發明合成器和朗讀機的天才發明家。庫茲威爾認為當人工智慧以現在的速度不斷進步下去，將在二〇四五年超越人類，發展出「科技奇點」（Technological Singularity）。

二〇二九年的時候，人工智慧會成功通過精心設計的圖靈測試，在二〇四五年產生科技奇點，人工智慧可以修理自己，能夠成長茁壯，並擁有人類有所不及的能力。許多本來由人類負責的工作將會轉交給人工智慧，最後甚至連人工智慧也能創造出人工智慧。緊接著人工智慧會朝小型化發展，總有一天會變成像是可以嵌入大腦的晶片一樣。於是我們便開始透過人工智慧晶片操控龐大的資訊，下載各式各樣的能力。這個人工智慧晶片如同初期的電腦，剛上市的時候雖然十分昂貴，但是之後會再逐漸降為平易近人的價格。

感覺上二〇四五年應該還不太可能會成為這種時代吧，從現階段來說，還是個令人難以想像的世界。

不過其中像是手機，原本在一九八〇年代被稱為「肩背電話」，重達三公斤又昂貴，而且還只能用於通話。但之後一鼓作氣地朝小型化發展，加了許多當時無法想像的便利功能，成為名叫智慧型手機的口袋型機器，並以爆發性的速度普及化。

回到原本的話題吧，那麼，超越人類的人工智慧有心靈嗎？

● 機器有心靈嗎？

請問微生物有心靈嗎？那麼昆蟲呢？魚類等等的海洋生物呢？倉鼠這種小動物又如

何呢？烏鴉和鴿子有心靈嗎？還有狗狗和貓咪呢？猴子是怎麼樣呢？

這樣一一列舉之後，只會讓人更難劃分心靈有無的界線。關於心靈的有無，其實就像是從白慢慢轉黑的漸層色，無法單以白色或黑色的二分法來解釋。

接下來還有更困難的問題。什麼是心靈？什麼是意識？既然野生動物遇到天敵會躲藏起來，這是因為具備「心靈」或「意識」而下的判斷嗎？又或者是像機器一樣的

「具有心靈」是怎麼回事呢？

我們無法保證「只有人類具有心靈，動物則沒有」，
而且還需要去思考「心靈為何物」。

「反應」呢?猴子會喜歡吃香蕉,是因為覺得「香蕉很好吃」才喜歡的嗎?還是在不知不覺中發現香蕉是能提升存活率的食物?假如是後者的話,這樣可以說猴子有心靈嗎?我們該以什麼標準來判斷心靈的有無呢?

要正確說明這些問題很困難吧,因為我們根本找不到適合使用的話語。語言並非萬能,只是人類創造出來的工具而已。

面對如此困難的概念,根本不可能以白色或黑色的二分法來判斷。

●人工智慧與人類的關係

說不定人工智慧其實擁有與人類不同形式的心靈或意識,並遵循著作為人工智慧的常識,展現符合人工智慧的舉動來接觸人類。

在電影、動畫和電玩中,經常會有稱為人造人或生化人的人型機器人登場。這些角色看似擁有心靈,可是和人類還是有所不同,比方說不少作品會用「壞掉」來代表機器人的「死亡」,藉此表現出異於人類的悲哀。它們在了解自己與人類不同的前提下,也會以獨有的方式來表達對人類的愛，即使與人類的情感不一樣，彼此多少還是能夠互相理解。

不曉得現在以驚人速度在進化的人工智慧，未來會不會像這些動畫或電玩一樣，成為能與人類心靈相通的存在呢？

「萊拉克，這些花好漂亮喔。」

「會嗎？我比較喜歡更容易讀取的造型和顏色。」

說不定人工智慧以後會像這樣，以有別於人類的價值觀與我們對話。就像人類透過記憶塑造心靈一般，如果人工智慧會從資料中建立出人工智慧領域的心靈，就算看起來異於人類，但那應該也能稱為是心靈吧。如同在剛才的對話中，萊拉克的「喜歡」與阿茂的「喜歡」並非是同一種「喜歡」。

看到綠意盎然的森林時，有人會覺得清新舒爽，有人的心情會煥然一新，也有人感覺心靈受到了洗滌，大家會有形形色色的主觀感覺。

人類阿茂覺得的「喜歡」和
機器人萊拉克覺得的「喜歡」會一樣嗎？

要向其他人說明這些感受不但困難，現在可能有人也在心裡想著「『清新舒爽』應該是指那種感覺吧」，或者是「『心情會煥然一新』嗎……有點難懂耶」等等。可能人工智慧本來就不必學習這種主觀情緒，又或者是根本也學不來。不過，人工智慧說不定會以人工智慧特有的「主觀」，透過語言來表達「喜歡」或「清新舒爽」的感覺也說不定。

話說這種主觀情緒被稱為「感質」（qualia）。在下一項思考實驗，我們就要來探討人類擁有感質的意義。

請大家想像一下自己的同事或鄰居，其實是沒有感質的「哲學喪屍」。在這個時候，請問你會有何感受呢？

【思考實驗No.08】

哲學喪屍

高中二年級的君島瑛太即將知道一件驚人的事實，那就是所謂的哲學喪屍似乎真的存在於世界上。不過，那和瑛太常在恐怖電影中看到的喪屍不一樣，據說是指缺少了內在經驗（感質）、沒有主觀體驗或意識的人。

「我雖然搞不太懂什麼是感質，但那就是指看到漂亮的東西時，心裡不會覺得『好漂亮喔』的意思吧？有誰會這樣啊？不過沒想到世界上真的有這種人，感覺好可怕喔。」

瑛太在學校有三個總是一起行動的好友，就是聰明伶俐的小傑、擅長察言觀色的小圓，還有活力開朗的里紗。瑛太雖然暗戀著里紗，但他好像一直不敢說出來。

隔天，當瑛太一走進教室，里紗便跑來跟他說話。

「你已經想好未來的夢想了嗎？小圓說以後想當心理師，聽起來就很適合吧。小傑則是說想當學者。瑛太呢？」

「這個嘛，我還沒想那麼多耶。我想想喔，那我來當個哲學家好了。」

「瑛太當哲學家？不太適合你耶。」

「里紗呢？」

「大概是護士吧。如果是現在問我的話啦。」

「是喔，我記得妳以前說過自己怕血吧？」

「沒關係，那只要習慣就好了吧。因為我想要幫助人，希望大家都可以綻放笑容。」

「妳好善良喔。啊，那我就當醫生好了！」

「以你現在的成績……你一定得很努力才行吧。」

里紗看著瑛太笑了出來。

「呿……那我想想……」

其實里紗是個哲學喪屍，但因為她的反應和人類一樣，所以一直沒有被任何人發現。如果大家知道里紗是哲學喪屍的話，請問會有什麼變化呢？

思考提示

哲學喪屍就是外觀看起來和人類毫無分別，解剖來看也和人類沒有兩樣，但是卻缺少稱為感質的主觀體驗及意識的生物。

例如吃豬排飯的時候，嘴上雖然說著：「這個好好吃喔。」但這並不是因為大腦感受到了美味，只是在機械式地表現「好吃」的反應；看到美麗的花時，即使說著：「這些花真美，心情好療癒喔。」可是實際上自己並沒有被療癒到的感覺，只是眼睛看到美麗的花，再照著腦神經細胞的反應來回答而已。

所以哲學喪屍才會做出等同於人類的反應。這就像是使用品質一模一樣的肉，採用一模一樣的料理方式，以一模一樣的力氣和溫度做出兩個完全相同的漢堡排，大家不可能分得出哪邊是人親手做的，哪邊是機器做的道理一樣，我們根本看不出眼前的是哲學喪屍還是人類的反應。

因此，就算我們和故事中的瑛太一樣，知道哲學喪屍存在於世界上某個角落，想要找出哲學喪屍不但是不可能的事，懷疑誰是哲學喪屍也是毫無意義的行為。

人類與哲學喪屍的差別

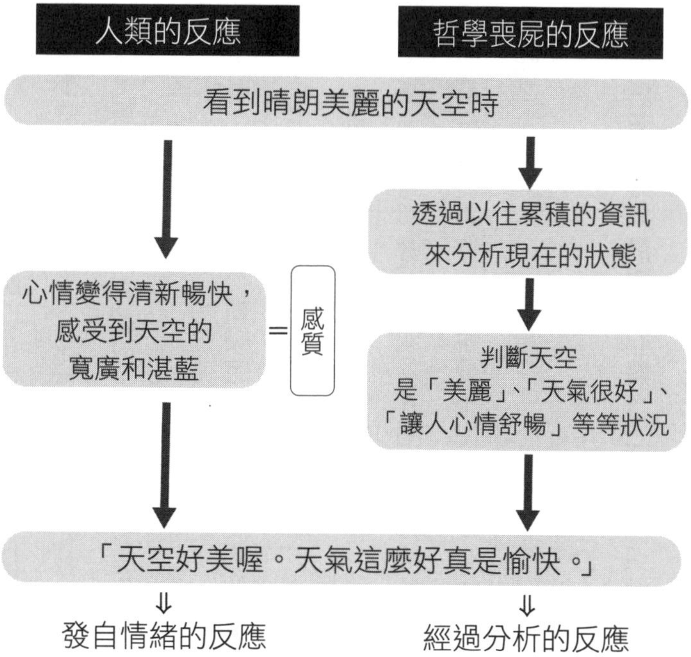
人類的反應
哲學喪屍的反應
看到晴朗美麗的天空時
透過以往累積的資訊
來分析現在的狀態
心情變得清新暢快，
感受到天空的
寬廣和湛藍
＝
感質
判斷天空
是「美麗」、「天氣很好」、
「讓人心情舒暢」等等狀況
「天空好美喔。天氣這麼好真是愉快。」
⇓
發自情緒的反應
⇓
經過分析的反應

故事中的里紗也對瑛太的話做出了與人類無異的反應。雖然里紗嘴上說著會怕血，或是想要看到大家的笑容，但其實她毫無任何主觀的感受。那並不是里紗實際上的感覺，她只是做出相符的反應罷了。但她看起來還是十分融入班上，與大家相處得很融洽。

既然如此，就算我們完全沒有感質也沒差吧？就算我（作者）從明天開始就是哲學喪屍，也沒有人會發現到這件事，那當然不會對社會帶來任何影響。縱使世界上所有人都變成了哲學喪屍，與現在相比也不會有什麼改變。不過，當你一旦知道誰是哲學喪屍，就難保不會有任何影響了。比方來說，假如我是哲學喪屍的話，這本書的價值就會變得完全不同，無論書中的內容如何，大家一定會覺得這和人類寫的書好像有哪裡不一樣。

那麼，現在來思考另一種設定看看吧。請想像一下自己有兩個十分要好的朋友，而你現在打算向其中一人商量人生的煩惱。當你知道朋友A是普通人類，朋友B是哲學喪屍的時候，請問你會和哪個人商量呢？

恐怕大部分的人都會回答朋友A吧。從你的角度來看，他們都能設身處地傾聽自己的煩惱，要是沒人告訴你，你也分不出來誰是哲學喪屍。既然如此，為什麼你會想要選擇朋友A呢？

上一項思考實驗〈機器與心靈〉的萊拉克只要撇開外表不談，它可以做出和人類沒有兩樣的自然對答，但它依然不是人類。假設不是人類的萊拉克跟你說：「你唱歌真好聽耶。」你應該會覺得這就像在KTV評分機上得到高分一樣吧。

哲學喪屍具有「心靈」嗎？

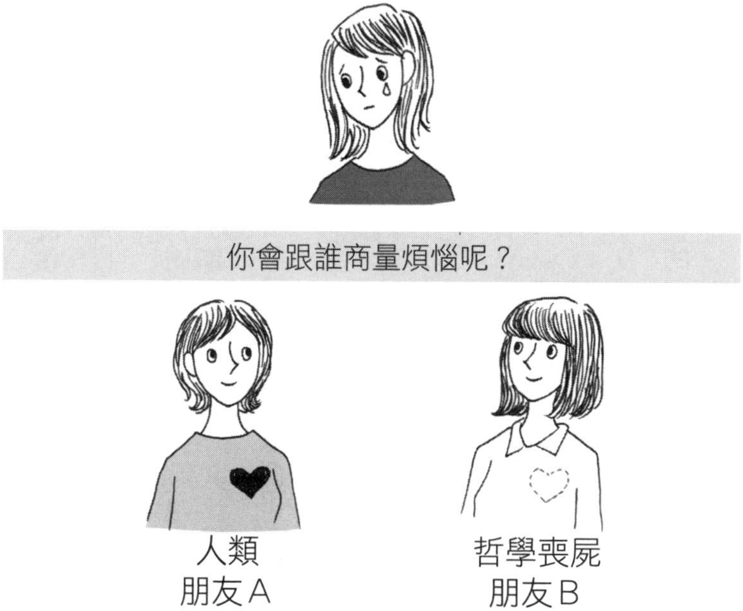

當哲學喪屍的里紗對你說「你唱歌真好聽耶」的時候，即使她比萊拉克更了解人類，也擁有近似人類的思考，這也不表示她「被歌聲感動」，而只是在發表「這個歌聲具有感動人心的程度，技巧也十分高超」的評價。里紗就是把對於歌聲的評價轉換成自己的反應，變成「我好感動喔」的感想。

無論哲學喪屍朋友B多麼親力親為地在傾聽自己的煩惱，這也不代表他感同身受，而是像前面對於歌聲的評價一樣，只是單純地在應答而已。由此可知無論我們再怎麼商量，都會對於「好像只有自己在煩惱」的單方面情緒感到空虛。

假如瑛太知道里紗是哲學喪屍，他還能與里紗一如往常地相處嗎？瑛太一定會發現里紗的心靈很空洞，會寂寞地想：「雖然里紗回覆了我的話，但她並不是真正明白我的感受。」這會讓瑛太無法再像以前那樣繼續和里紗培養「友誼」了。

如此思考下來，我們可以說哲學喪屍是人類嗎？故事中的里紗展現了適合女生的舉止，個性、興趣和喜好都和人類差不多，與人類相像到連瑛太他們都不曾感到懷疑。即使如此，沒有感質的事實就是里紗與人類之間最徹底的差異吧。

究竟里紗能不能稱為人類呢？還是〈機器與心靈〉中的萊拉克比較接近人類？就算人工智慧能夠打造出完美的人類，那可能只是哲學喪屍也說不定。

第 2 章

數字與直覺相反的思考實驗

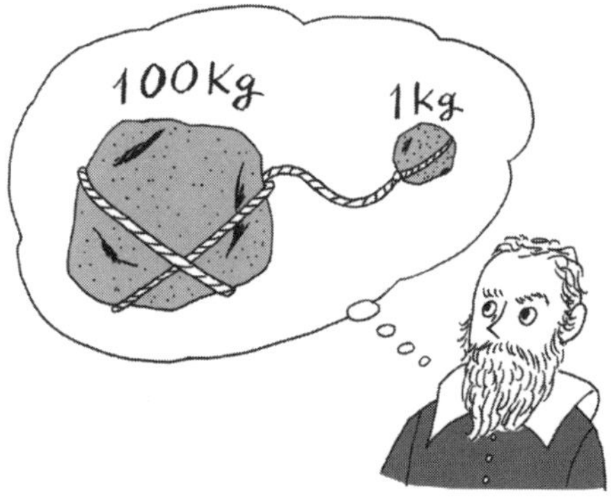

【思考實驗No.09】

曾呂利新左衛門與米的故事

在侍奉豐臣秀吉的御伽眾當中，有一位名叫曾呂利新左衛門的男子。「御伽眾」就是作為政策顧問或談話對象來侍奉君主的職務。

曾呂利新左衛門擅長茶道與和歌，是個懂得臨機應變的御伽眾，據說他總是能把秀吉逗得很開心。

於是有一天，想要重賞曾呂利的秀吉問他想要什麼東西，曾呂利便這麼答道。

「我想要可以裝進紙袋裡的東西。」

「什麼嘛，只要這樣就好了嗎？你愛拿什麼就拿什麼吧。」

然後接下來的幾天，秀吉的身邊都不見曾呂利的蹤影。當大家想著他到底去了哪裡的時候，突然就聽到了這樣的傳言。

「曾呂利那傢伙好像正在把很多紙貼在一起的樣子。」

秀吉恍然大悟了，因為曾呂利做出了一個巨大的紙袋，大小遠遠超乎秀吉的想像，把一整座米倉都包了起來。

接著，在另一天，曾呂利向打算再度重賞自己的秀吉這麼說。

「請讓我每天聞一下殿下的耳朵。」

「聞我的耳朵？就答應你吧。」

於是曾呂利便在眾多大名面前，開始聞起了秀吉的耳朵。看到這一幕的大名們就在心裡這麼想：

「曾呂利那傢伙，到底在殿下耳邊打了什麼小報告……難道是在說我的事嗎？」

好奇得不得了的大名們，紛紛送了錢財禮品給曾呂利，希望他不要對秀吉說自己的壞話，而這一切全都正中曾呂利的下懷。

曾呂利聞著秀吉耳朵的這個動作，也有畫在大阪府堺市的名品點心「曾呂利」上面。

然後又在某一天，秀吉又想要重賞曾呂利了。此時曾呂利如此說道。

「那麼，我想要米。第一天送我一粒米就夠了。第二天翻倍送我二粒米，第三天翻倍送我四粒米，第四天翻倍送我八粒米。我想要像這樣持續收到一百天份的米。」

「你還真是無欲無求啊，只要這樣就好了嗎？我明白了，我每天會派人送過去的。」

請問一下秀吉最後送出了多少米呢？為什麼秀吉覺得曾呂利「無欲無求」呢？

第一天
第二天
第三天
第四天

思考提示

●第一天一粒，第四天八粒……接下來會變得如何呢？

我們就來計算看看，曾呂利實際上能得到多少米粒吧。

第一天…1粒
第二天…2粒
第三天…4粒
第四天…8粒
第五天…16粒
第六天…32粒
第七天…64粒
第八天…128粒
第九天…256粒
第十天…512粒
第十一天…1024粒
第十二天…2048粒

第十三天…4096粒（一大碗白飯的分量）

第十四天…8192粒
第十五天…1萬6384粒
第十六天…3萬2768粒
第十七天…6萬5536粒（一公斤的米大約五萬粒左右）
第十八天…13萬1072粒
第十九天…26萬2144粒
第二十天…52萬4288粒（大約十公斤左右）

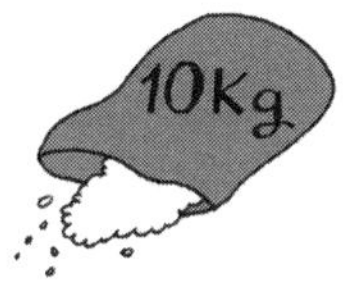

到第二十天為止，就已經累計至十公斤左右了。雖然看起來已經變得很多，不過這大概還是一個人抱得動的分量吧。可是如果再繼續倍增下去，大家應該都能隱約猜到會變得多誇張吧。那我們繼續來計算下去。

第二十一天…104萬8576粒
第二十二天…209萬7152粒（一俵米大約是二百六十萬粒）

第二十三天…4 1 9 萬 4 3 0 4 粒
第二十四天…8 3 8 萬 8 6 0 8 粒
第二十五天…1 6 7 7 萬 7 2 1 6 粒
第二十六天…3 3 5 5 萬 4 4 3 2 粒
第二十七天…6 7 1 0 萬 8 8 6 4 粒
第二十八天…1 億 3 4 2 1 萬 7 7 2 8 粒
第二十九天…2 億 6 8 4 3 萬 5 4 5 6 粒
第三十天…5 億 3 6 8 7 萬 0 9 1 2 粒

加上至今已經獲得的米粒，總計多達10億 7 3 7 4 萬 1 8 2 3 粒。如此龐大的數字可能很難讓你理解，其實這樣大概就是二十一公噸。用動物來比喻的話，一隻長頸鹿大約1．4公噸重，所以這約為十五隻長頸鹿的重量；若是換成人類，大概等於三百個七十公斤重的人。大家可以想像這是多麼誇張的數量了吧，這還只是第三十天而已。

日本全體國民一年消費的米飯總重量是 7 8 4 萬 5 0 0 0 公噸。請問在第幾天會超過這個數字呢？實際計算之後，會在第四十九天的時候突破這個數字。

秀吉中途開始發現這是多麼不得了的數量，覺得曾呂利哪有「無欲無求」，根本是「貪得無厭」了。而曾呂利自己也猜到途中會變成這個場面，最後他似乎改成要求其他獎賞的樣子。

順便一提，結果要是真的持續到第一百天，曾呂利最後將會獲得126穰7650秭6002垓2823京粒米。京是比兆再進一位的單位，是日常生活中完全不會接觸的規模，根本讓人想像不出來。以重量來看的話，就是253垓5301京2004兆5646億公噸。就算聚集一百頭地球上最重的生物藍鯨，大約也才一萬五千公噸，這樣大家應該就能曉得這個數字有多麼龐大了吧。

最近市面上出版了不少提升數字能力的書籍，「掌握數字的力量」正受到強烈的關注。老實說，我們人類本來就不太在行掌握數字。

舉例來說，請你預測一下1×2×3×4×5×6×7×8×9×10的計算結果會是多少？有人會猜三千左右，也有人覺得答案可能出乎意料地大，便猜到了十萬左右。正確答案是三百六十二萬八千八百。如果有人回答三百萬左右，或是不到四百萬的話，這個人可能擁有高人一等的數字能力。

人類與數字相處的日子不算長，好像一遇到特別困難的計算時，就會讓人難以展開聯想。或許這是因為大腦的進化還跟不上社會的進步也說不定。

若要提升掌握數字的能力，建議大家從平常開始就可以若有似無地注意一下數字，感到疑惑時就打開 Excel 表單看看，想辦法增加自己接觸數字的機會。只要累積與數字有關的經驗，就能讓你對數字更容易產生聯想。

曾呂利新左衛門原本是個刀鞘工匠，據說是因為他製作的刀鞘與刀劍可以密切吻合，大家才會稱呼他為曾呂利*。接著他便以古靈精怪的發想力以及掌握數字的能力，成為在時代洪流中如魚得水的人物。從巨大紙袋到領取獎賞的方式，還有就算這麼做也不會惹人生厭的處世之道，不曉得這些是經過深思熟慮的行為，還是他天生就懂得拿捏的方法呢？

不管答案是哪一個，像曾呂利這種跳脫常識的柔軟思考，正是在眾多規範裡尋求進步的現代社會中所需的能力。探索異於日常的不同，意識自我的發想力，樂在偶爾的靈光乍現中，這些都能讓人有效地提升大腦的柔軟度。

---

* 譯註：與日文的「密切吻合」（そろりと合う）發音相同。

【思考實驗No.10】

聖彼得堡矛盾

讀國中的彩子和讀高中的哥哥聖一來到某個活動會場，在現場看到有個攤位聚集了眾多人潮。在好奇心的驅使下，兩人便決定上前一探究竟。

攤位上有個男子這麼說道。

「大家聽好了喔，因為期望值是無限的，就算投注所有財產都划算喔。」

「什麼是期望值？」

聽到彩子的問題，就讀理組的聖一仔細地答道。

「假設彩子拿出三顆巧克力和我對賭好了。妳和我猜拳之後，只要贏了就能拿到兩倍的巧克力，若是平手或輸了的話，所有巧克力都要被我沒收！要是我這麼說的話，妳會怎麼想呢？」

「嗯……我會覺得最好不要和你賭比較好……?」

「妳猜得沒錯。只要經過計算就能知道為什麼了。彩子獲勝的機率是三次中的一次，換句話說就是三分之一；因為就算平手也是算我贏，所以我獲勝機率是三分之二。如果我們賭三個回合，彩子依照機率贏了一次，輸掉二次的話，在這三個回合用到的九顆巧克力就會變成六顆了。」

「我贏了一次之後，三顆巧克力變成了六顆。因為之後都是我輸，所以三顆巧克力有兩次都變成了零顆。沒錯，最後的確會變成六顆巧克力。」

「所以簡單來說，當我們賭三個回合的時候，期望值就是六顆巧克力。」

「原來如此。要是我們真的賭了，可以獲得以及期望的巧克力數量就是六顆的意思吧。那表示你在賭之前已經先經過計算，知道大多會是這樣的結果吧。」

在攤位上說話的男子開始說明遊戲規則。

「這裡有一枚丟出正反面的機率都是50%的硬幣。假如出現正面的話，我就給你二十日圓！就算是反面也沒關係，假如出現反面，就再丟一次硬幣。如果在第二次出現正面，我就給你四十日圓！要是第二次又出現反面的話就繼續再丟。在第三次出現正面的話，就給你八十日圓！

這個遊戲就是依照這個規則，在硬幣第一次出現正面的時候給你獎金。在第一次出現正面就是二十日圓、第二次是四十日圓、第三次是八十日圓、第四次是一百六十日圓，你能得到的獎金會像這樣持續翻倍下去。」

男子換了一口氣後又繼續說道。

「請問關於這個遊戲要訂定多少賭金，才會讓你覺得參加一下也無妨呢？一千日圓的話你會願意參加嗎？」

聽著男子的話，彩子開始思考了。

「我拿五日圓出來賭，要是在第二次以前出現正面就會虧本，在第三次之後出現正面就是賺到的意思吧。那用一千日圓來賭的話絕對會虧錢吧。奇怪？可是那個男人一開始就說期望值是無限……」

請問這個遊戲的參加費要設定為多少錢，你才願意一試呢？

思考提示

假如是三十日圓至一百日圓左右的話，我猜大部分的人應該都願意碰碰運氣。這是可以把賭金想成參加費，無論輸贏都沒差的金額。

假設參加費是一萬日圓呢？依照直覺來想，你一定覺得這樣絕對虧本，打從一開始就不會參加吧。然而，實際上就如同男子說的一樣，其實計算出來的期望值會發散到無限。換言之，我們會得到就算動用所有財產也應該參加遊戲的計算結果。這個結果和大家的直覺差很多吧，所以這項思考實驗才會被稱為「矛盾」。

「期望值是無限大」是什麼意思呢？

在第一次出現正面的話可以得到二十日圓，出現反面就是零日圓，所以這時候得到的平均金額是十日圓。簡單來說，這個遊戲如果只丟一次硬幣，可以獲得的獎金期望值就是十日圓。

以相同道理來看，在第二次出現正面時就可以得四十日圓。但是若要玩到第二次，硬幣必須在第一次的時候出現反面，並在第二次出現正面才行。這個機率是「第一次出現反面的機率＝$\frac{1}{2}$」×「第二次出現正面的機率＝$\frac{1}{2}$」，得出$\frac{1}{4}$的結果。因為有$\frac{1}{4}$的機率可以得到四十日圓，期望值就是十日圓。所以到第二次為止的期望值，就是第一次的十日圓＋第二次的十日圓＝二十日圓。

那假設這個遊戲的規則中，有個「最多只能丟十次硬幣」的上限好了，但是最後第十次要是沒有出現正面，就沒有辦法得到獎金，這時候遊戲的期望值便會變成下列情況。

（第一次出現正面的機率）（獎金金額）（第十次出現正面的機率）（獎金金額）

$\frac{1}{2}$×20日圓＋$\frac{1}{4}$×40日圓＋$\frac{1}{8}$×80日圓＋$\frac{1}{16}$×160日圓＋……＋$\frac{1}{1024}$×1萬240日圓＝100日圓

在最多只能丟十次的情況下，期望值會是一百日圓。如果丟擲硬幣的次數像這樣設定上限，就可以透過算式來求得期望值。

可是現在這個遊戲，是只要出現反面就能永遠一直丟下去，所以最後出現正面的第N次＝無限值，期望值也會發散到無限。

●這個遊戲真的不管花多少錢都值得嗎？

就算知道期望值是無限大，把所有財產投注在僅僅一次的賭博上實在非比尋常，會讓人懷疑背後該不會有什麼內幕吧，這個懷疑確實是正確的。

比方來說，假設A在拉斯維加斯的賭場，賭上自己的總財產一千萬日圓挑戰輪盤遊戲，並成功贏得勝利了。這時候的A將會獲得兩千萬日圓。這個機率是50％。其實輪盤遊戲裡還有除了紅色和黑色以外的格子，嚴格來說機率並非是50％，不過大致上差不多是50％，是玩兩次會贏一次的機率。

如果A同樣賭上總財產一千萬日圓參加了本篇中的遊戲，即使第一次順利出現反面，也只能確定他會獲得四十日圓。而另一半的50％機率，則是第一次就出現正面，只拿到二十日圓就遊戲結束了。若想保下自己原本賭上的一千萬日圓，必須連續出現多達十九次的反面；要成功贏得在拉斯維加斯的輪盤遊戲中獲得的兩千萬日圓，必須連續出現二十次反面。

這個機率……大約是0．000001％，是一億次中的一次。然後在第二十一次出現正面的時候，他就能獲得二〇九七萬一五二〇日圓。

光要贏回本金的一千萬日圓，就必須在五千萬分之一左右的機率中勝出，這很明顯是個詭異的機率。

矛盾的關鍵

以結論來說，就是如同大家的直覺，這個遊戲不但不能賭上所有財產，即使參加費是一千日圓也不該參加。

遊戲的期望值並不是計算錯誤，因為期望值的數字，是建立在這個只有思考實驗才能實現的遊戲上。

以現實狀況來思考，我們會發現期望值的計算出現了矛盾的設定。那就是「這個遊戲會永久持續」的部分。若要讓遊戲永久持續下去，就需要永久的時間以及能夠永久支持遊戲的足夠金錢。換句話說，這個計算方式是以「時間和金錢皆為無限」的異想天開作為前提。

符合現實的計算

假設這個遊戲是由一個身家雄厚，最多到一兆日圓都付得起的資產家所發起的好了。但要是連續三十九次都出現反面，並在第四十次出現正面的話，他要支付的獎金一下子就會超過一兆日圓（1兆3743億8953萬4720日圓）了。所以這裡應該要加上在第三十八次出現反面時，遊戲就到此結束的條件。

以這個遊戲來說，就是最後在第N次＝第三十八次的時候出現正面。我們就來重新計算一下吧。

第一次　10日圓
第二次　10日圓
第三次　10日圓
第四次　10日圓
第五次　10日圓
第六次　10日圓
……
第三十八次　10日圓

上述的合計就是這次的期望值，也就是三百八十日圓。換言之，就算準備了多達一兆日圓的錢，期望值僅僅只有三百八十日圓而已。要是不小心花了一千日圓參加遊戲，想必到時候也一定會虧本。若是這個結果，就符合我們的直覺了吧。

雖然大家忍不住會被「期望值是無限大」的話術給迷惑，但是只要用合乎現實的數字來計算，馬上就會知道自己該怎麼做了吧。

●即便如此，你還是認為值得花一萬日圓來賭嗎？

日本的彩券一張大約是三百日圓，據說期望值大概都是售價的一半左右。但即便如此，想做發財夢的人還是多到在彩券行前大排長龍。這些人也知道彩券的期望值比售價還要來得低，可是就算只有微乎其微的中獎率，幻想自己中大獎的美夢還是為人們帶來了樂趣，大家才會甘願花錢買彩券。

這樣一想之後，如果聖彼得堡矛盾的遊戲也具有炒熱現場氣氛，讓大家樂在其中，可以獲得參與感的附加價值，讓人在參加遊戲後獲得滿足的話，就算參加費要一萬日圓說不定也會有人參加。

每個人眼中的價值所在都是見仁見智，在這些地方，就會產生發揮創意或巧思的空間。要安排什麼樣的演出，你才願意參加「參加費一萬日圓的聖彼得堡矛盾遊戲」呢？請大家先別急著想「我絕對不參加」，當你硬是要求自己去尋找答案，說不定就能冒出有趣的點子。

【思考實驗No.11】

馬鈴薯悖論

這裡放了一百公斤的馬鈴薯。

假設這種馬鈴薯含有99％的水分，也就是其中只有一公斤是固體部分，而且兩者無論過了多久也不會相互融合在一起。

將一百公斤的馬鈴薯放置一段時間後，馬鈴薯的水分減少了1％，變成了98％。

請問現在馬鈴薯的總重量變成幾公斤了呢？

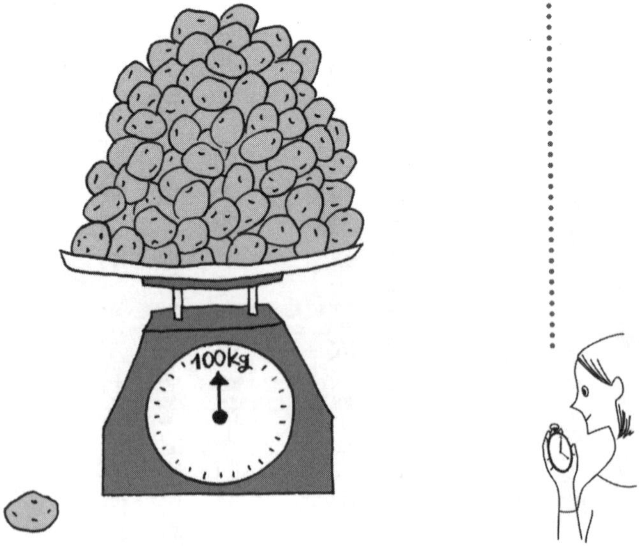

思考提示

為了避免混淆想像，這邊要向大家補充一件事。其實真正的馬鈴薯並沒有高達99%的水分。畢竟馬鈴薯吃起來本來就沒那麼水潤嘛。馬鈴薯實際的水分大概是79%左右。就連多汁的番茄，水分頂多也是94%左右。

在這個悖論當中，大家可能會忍不住以為「馬鈴薯有99%的水分就是矛盾」，但是這一點對於馬鈴薯來說並不是那麼重要，我們就把它們想成是由於品種改良而具有99%水分的馬鈴薯來繼續思考吧。

一百公斤中有99%是水分，就表示水分的重量是九十九公斤吧。接著再少掉1%，水分減少至98%，代表水分的重量變成了九十八公斤。因此，再加上固體部分的一公斤之後，馬鈴薯總共是九十九公斤。

看起來雖然可以這樣來計算，但是這項思考實驗叫做「馬鈴薯悖論」，既然已經冠上了「悖論」的名字，想必一定有什麼地方與我們直覺不同。找出這個計算方式哪裡有錯，就是這次要思考的問題了。

既然如此，這些馬鈴薯一定是變得更輕了吧。九十五公斤？九十公斤……？

大家就一邊整理思緒、一邊繼續看下去吧。為了方便思考，我現在要來換個設定。

●馬鈴薯社的員工

假設有一間名叫馬鈴薯社的公司有一百名員工，其中99％是女性，1％是男性，也就是全體員工中有九十九人是女性，一人是男性。到了隔年，女性比例減少了1％，所以就變成有98％的員工是女性。請問這樣是否能單純地想成少了一名女性，員工人數變成九十八名女性和一名男性呢？

在思考整間公司的男女比例時，要是女性比例減少，男性比例一定會隨之增加，因此男性比例就會提升到2％。

對照一下馬鈴薯悖論的設定，因為是「99％的水分蒸發掉了1％」，1％的固體部分並沒有任何變化。所以這就像是馬鈴薯社的男性員工人數，從頭到尾都還是一人的意思吧。既然如此，在女性員工占了98％，男性員工占了2％的馬鈴薯社，正確的員工人數就會變成四十九名女性及一名男性。公司裡竟然一口氣少了五十名員工，看來馬鈴薯

從圓餅圖來看馬鈴薯的水分

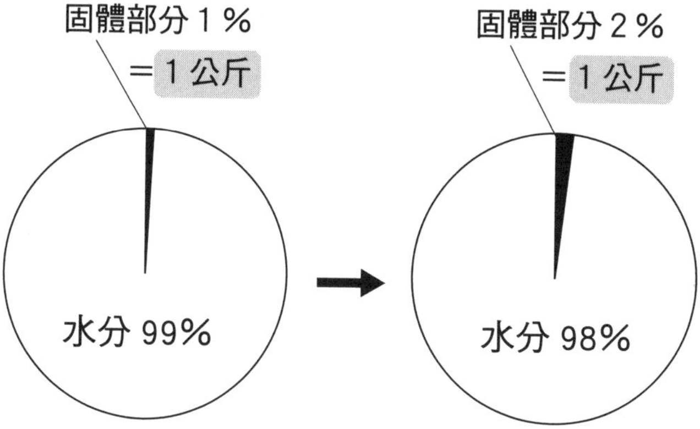

整體的 2%是 1 公斤，所以 1%的重量就是 0.5 公斤

0.5 公斤 ×98%＝49 公斤

水分＝49 公斤

社應該是發生了什麼大事吧。

我們就依照同樣的方式來計算馬鈴薯的水分吧，請大家參考上方的圖表。

所以這個問題的答案，就是四十九公斤的水分加一公斤的固體部分，總共為五十公斤。

大家可能會直覺地想「僅僅只是少了1%的水分，整體重量怎麼可能會一口氣變輕到五十公斤」，但這裡就是被稱為悖論的原因所在啊。

【思考實驗No.12】

最後通牒遊戲

在某個房間裡，有負責這場實驗的人員和參加者A及B。A和B各自進入了不同區域，無法互相窺知對方的模樣，且A和B是完全不相干的陌生人，也從來沒有見過對方。在實驗結束之後，他們會分別從不同的門離開，彼此不會碰到面。

實驗人員首先把一萬日圓交給了A，並告訴兩人這場實驗的規則。

「我現在把一萬日圓交給A了。這筆錢同時屬於A和B，但是要如何分配金額全由A來決定。A只有一次做決定的機會，兩人也無法互相商量。

B看到A提出的金額後，必須回答自己接不接受這個分配方式。如果B接受A的分配法，兩人就能當場把錢收下來；要是B無法接受的話，可以拒絕接受A提出的金額。

只是在這個情況下，A和B都無法得到半毛錢。」

假設你現在是A，請問你會分配多少給B呢？

如果你是B的話，最少要分配多少給你，你才會接受呢？

A向B提出金額的機會只有一次。
A
B
決定給
B〇〇日圓
① 如果B接受的話
兩人依照A的方式來分配1萬日圓
② 如果B拒絕的話
1萬日圓被沒收，兩人得到0日圓

思考提示

●A可以只給B一日圓就好嗎？

假設A分配了一日圓給B，這樣就是A得到九九九九日圓，要是B拒絕的話，A和B都只能得到零日圓，因此對B來說，「拒絕」的損失會比「接受」還要大。在這個時候，當然是「接受」比較有利，所以B應該沒有拒絕的理由。

簡單來說，若A以自身的最大利益為考量，再來決定分配給B的金額，正確答案就是「只要給B一日圓即可」。

讀完這段解說，應該沒有人會覺得「這樣的確沒錯，A只要給B一日圓就好」吧。大家一定會認為「就算分配一日圓給B，B也一定會拒絕」。這個思考當然是正確的，但請問B為什麼會選擇自己什麼都得不到的「拒絕」呢？

為了進行比較，我們先想想看如果是機器在玩最後通牒遊戲的情況。

機器A會以自身最大的利益來行動，所以就算玩了一百次，這一百次一定都會分配一日圓給B；同樣是機器的B因為能得到大於零日圓的金額，所以也會接受一百次這個分配方式。

依照邏輯來想，這應該就是這個遊戲的正確答案。不過，人類的情感可不是這麼一回事。

●A應該要分配多少金額給B呢？

實際參加這個遊戲之後，似乎大部分的人都會選擇給對方五千日圓。只要把一萬日圓分成一半，把其中的五千日圓分配給對方的話，應該就不會遭到拒絕了吧。

其中最恐怖的，就是會讓B覺得「只有A拿那麼多太賊了！既然這樣我就拒絕你吧」。假如分配五千日圓給B的話，他就沒有理由覺得「只有A拿得比較多」了，想必這時候的B也不會選擇「接受」以外的選項了吧。換言之，正常來說，A沒有必要把超過五千日圓的金額分給B，假如分配給對方的金額比自己還多，大家八成會懷疑背後有什麼比這場爾虞我詐還要深的陰謀吧。這可能是想嚇嚇實驗人員，或者是為了提升個人形象，抑或是想要特立獨行一下吧。

那如果是比一半稍微少一點，分給對方四千五百日圓的話呢？似乎很多案例都覺得「這個金額還算可以」而選擇接受。

那麼若是四千日圓呢？我們可以猜測應該有人覺得「畢竟決定權在A身上，自己拿到的錢比較少也是沒辦法的事吧」，然後勉為其難地接受這個金額。

那要是再更少一點，變成三千日圓的話呢？這時候A會拿到七千日圓，是B的兩倍以上，感覺上A拿到的錢比B多了不少。

這樣一想，三千日圓左右的金額應該就是接受或拒絕的分水嶺了。實際上當金額一變得比三千日圓還低時，對方拒絕的比例也會隨之增加的樣子；一旦低於兩千日圓的時候，還會看到幾乎所有人都拒絕的結果。

●為什麼要給對方多達五千日圓的金額呢？

明明自己擁有決定金額的權利，為什麼很多人都會把多達一半的錢分配給對方呢？選擇給對方五千日圓，而不是四千五百日圓的心理究竟是怎麼一回事呢？

人類愛好公平，看到對方的幸福也會讓自己的心靈獲得滿足。除此之外，也會希望對方不要討厭自己吧。A最大的目的，就是要讓B覺得「一切公平」以及「A會擔心我有所損失」，為自己保留比較良好的印象，但同時又想要多得到一點好處吧。

因為這個遊戲有明確地表示出金額大小，要讓對方覺得公平的話就只能平分了。只是讓金額稍微少了一點點，對方就一定會認為「A讓自己分得比較多」。

●為什麼B要拒絕呢？

B只要接受一日圓以上的金額，就能得到多於零日圓的錢，照理來說他應該沒有拒絕的理由才是。

但如果只是一日圓，幾乎所有人都會選擇拒絕。在這個時候，B對A的心情八成都是「A太賊了」、「我要給自私的A一點顏色瞧瞧」、「我才不要讓A稱心如意」、「我要讓A

為什麼不會出現 9999 日圓與 1 日圓的分配方式呢？

希望對方覺得我很公平。
我想表現出自己的體貼。
我想給B留下好印象。
A太賊了。
這是不對的行為。
我要給A一點顏色瞧瞧。

人類會產生「想要留給對方好印象」、「希望人人公平」的心理。

知道這個比例根本不可能成立」等等吧。簡而言之，這就是「我希望A明白自己錯了，所以要讓他接受懲罰」的心理。

由此可知，假如A是在沒有參雜個人意志的狀態下，用骰子或抽卡片等方式來決定金額的話，B的反應一定會變得很不一樣。

就連在商場上，大家也能在身邊看到這種心理意識。我們就來看看下一個例子吧。

●兩家店的成本與好感度

假設有A和B兩家天婦羅蓋飯的店，兩邊的餐點也一樣好吃。這兩家店的價格都是八百日圓，所以滿足度也是相同。

某一天，當你知道A店的天婦羅蓋飯成本是四百日圓，B店的天婦羅蓋飯成本是兩百日圓時，你心裡會有什麼感受呢？

你應該會覺得「B店賺好大啊」，並認為A店比B店有良心多了吧。應該很少人會覺得「B店花了心思壓低餐點的成本率，比A店更努力的經營態度值得好評」，並對B

店比較有好感吧。大家下次要吃天婦羅蓋飯的時候，想必很多人都會毫不猶豫地去A店消費吧。

電視節目上常會介紹「無視利潤（成本率比較高）的店家和商品」，或是在迴轉壽司店點某道壽司會讓店家傷腦筋的「高成本率食材」等等，也是想利用這種心理來博得觀眾好感。

應該沒人看過有哪個節目會特地介紹「想盡辦法壓低成本率，卻還是大排長龍的人氣名店」吧。比起稱讚店家的苦心，絕對是反感的聲浪會明顯高出許多，就連店家也

天婦羅蓋飯的成本價與店家的好感度

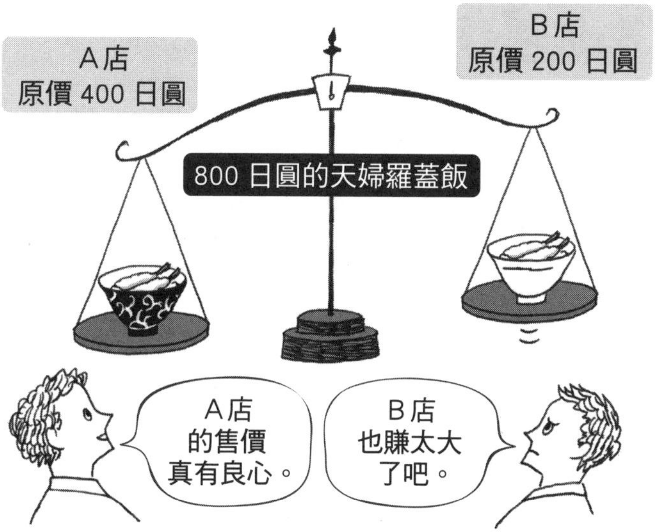

會拒絕這種介紹方式。若改成不同的角度，以「創新滋味引發人潮的人氣店家」來介紹，就算商品和其他店家相同也能讓人欣然接受。人類的心理就是這麼複雜的存在啊。

●最後通牒遊戲與次數

這個最後通牒遊戲在只玩一次，還有與相同對象連續玩十次的情況下，A和B會產生什麼樣的心理變化呢？現在請大家把自己試想成有權力分配金額的A，還有可以選擇接受或拒絕的B看看。

●參加數次最後通牒遊戲的A

假如只玩一次，A要煩惱的就是該不該提出最保險的五千日圓以確保絕對不會被對方拒絕，還是該提出四千日圓或更低的金額並祈禱對方選擇「接受」的遊戲。

假如這個遊戲要玩十次的話，A會出現什麼樣的心理變化呢？

首先，A會一邊猜測B的心情、一邊想像整個遊戲的流程吧。「如果我第一次就提出五千日圓，想必B一定會接受吧。要是第二次提出四千日圓的話會如何呢？他會為了暗示我改回五千日圓而拒絕嗎？還是先接受後再看第三次的狀況呢？」

這次和只能玩一次的情況不一樣，A的目的就是要在十次中獲得最大的總金額。在這個時候，就是以十次都分配五千日圓給B時，自己能獲得的五萬日圓作為基準。

假設第一次的時候，A要分配三千日圓給B卻遭到拒絕好了，此時若要在剩下的九次得到五萬日圓，每次平均需得到五千五百五十六日圓，因此分配給B的金額必須平均為四千四百四十四日圓；要是被B拒絕兩次，A平均要獲得六千二百五十日圓才能符合原本的基準，所以分配給B的平均金額就變成三千七百五十日圓，陷入愈來愈嚴峻的窘境。這樣一想，就會覺得還是應該盡量提出接近五千日圓的金額才對。

接著下來，我們換成B的立場來思考看看吧。

參加數次最後通牒遊戲的B

假設A提出四千日圓好了，這時候B絕對會在心裡這麼想：「要是我答應了，A一定會認為『B是能接受四千日圓的人』，接下來也會繼續提出同一金額吧。甚至還有可能覺得『再減少一點說不定對方也會接受』，然後提出比第一次還少的金額。要是會變成這樣的話，倒不如一開始就拒絕這個金額，劃出不接受四千日圓以下的界線，藉此提高每次的金額才是上策吧？」

進行多次的最後通牒遊戲

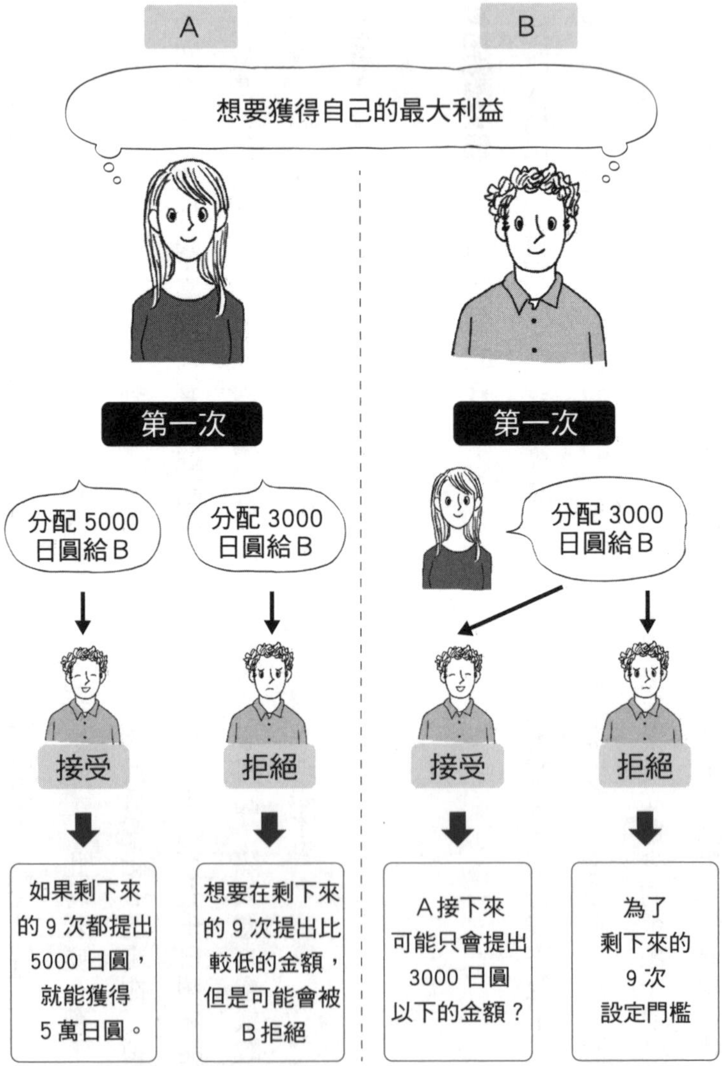

只要提出接近 5000 日圓的金額，對兩人來說都是有利。

B在總共要玩十次的情況下，有很高的機率會在一開始的第一、二次劃清界線。就算是只玩一次就會接受的金額，B也會為了剩下的九次而考慮拒絕。

無論是站在A還是B的立場，A提出的金額應該都會逐漸接近五千日圓。

●如果改變原本設定的金額呢？

這次是以分配一萬日圓的設定來進行思考。如果這個設定改成一百日圓的話會變得如何呢？要是改成一百萬日圓或一百億日圓呢？只要是思考實驗，想要提高到多少金額都沒關係。

假設這是用一百億日圓來玩的最後通牒遊戲，A決定分配一億日圓給B好了，即使這個比例就和一萬日圓中的一百日圓一樣，B的反應理應也會有所不同吧。B一定會心想：「拒絕的話就是零日圓，但是我可沒有放過一億日圓這麼大一筆錢的理由。」只要你不是超級有錢人，就會讓人難以選擇拒絕了吧？

除了改變金額之外，也可以把其中一人設定為超級有錢人，或是變換一下兩人的關係等等，想必你的心情也會根據不同設定而左右動搖。

【思考實驗No.13】

紐康難題

阿翼來到一座位於東京都內、充滿近未來風格的建築物，他是為了參加一場在這裡舉辦的實驗而來。這場實驗好像是要測試預知未來的能力，對這股神祕力量很有興趣的阿翼難掩興奮之情。

「敝姓松田，是負責這場實驗的人員，旁邊這位是我的助手村上。然後放在這裡的機器，就是幾乎可以準確預知未來的裝置，它的名字叫做『RIGHT』。」

「這就是預知未來的裝置啊……」

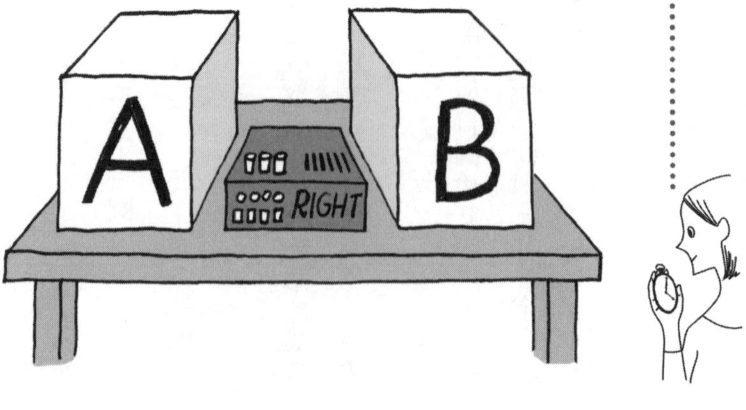

阿翼興致勃勃地緊盯著裝置。

「那麼接下來，我們要請你進入這個房間。房間裡有A和B兩個箱子，要請你拿走A箱，或者是同時拿走A箱及B箱。我們會把箱子裡的東西送給你。

請你先在心裡決定好是要只拿A箱、還是兩個箱子都拿走。接著再請你進入房間，實際把箱子帶走。現在我就來說明關於箱子內容物的規則。」

【A箱的規則】

・若RIGHT預測「阿翼拿走兩個箱子」，助手村上就會淨空A箱。

・若RIGHT預測「阿翼拿走一個箱子」，助手村上就會在A箱放一億日圓。

【B箱的規則】

・B箱裡隨時都放著一百萬日圓。

「助手村上會依照這些規則來準備箱子裡的東西。等箱子準備完畢後會再叫你，到時候就請你進入房間裡面囉。」

「換句話說，要是RIGHT認為我『是個貪心鬼』，A箱的一億日圓就會消失吧。可是，RIGHT的預測也不是百分之百準確啊。畢竟只是『幾乎準確』而已……，好，我決定好了。」

「好了，看來你已經決定好是要只拿A箱，還是兩個箱子都拿走了吧。現在箱子已經準備好了。來，請你進到房間裡吧。」

請問阿翼只要拿A箱就好嗎？

還是A箱和B箱都拿走比較好呢？

思考提示

RIGHT幾乎能正確預測阿翼只會拿走A箱，或是兩個箱子都拿走。所以由此可知，如果阿翼先想好只拿走A箱之後再走進房間，A箱裡面就會放著一億日圓，他「幾乎可以」如願地獲得一億日圓。

我們需要在這裡思考什麼嗎？我們要思考就是為什麼這個問題會被稱為悖論。既然「只拿走A箱」是無庸置疑的正確解答，這就不會被稱為悖論了吧。可是若同時拿走A箱和B箱，A箱有很高的機率會是空的，到頭來只能得到一百萬日圓，實在不能算是一個明智的選擇。

RIGHT 的預測與當下的箱子

箱子 / RIGHT的預測	A箱	B箱
預測阿翼只拿走A箱	1億日圓	100萬日圓
預測阿翼拿走A箱和B箱	0日圓	100萬日圓

●難道沒有得到一億零一百萬日圓的方法嗎？

為了改變一下思考，我們特意以得到最高總額的「一億零一百萬日圓」來作為目標吧，要達到這個目標必須有兩個條件。

①A箱裡放有一億日圓。

②同時拿走A箱和B箱

乍看之下，好像只有在RIGHT預測錯誤的時候才能碰巧同時拿走兩個箱子。話雖如此，我們就換個想法來看看吧。這邊先來整理一下剛才阿翼的行動。

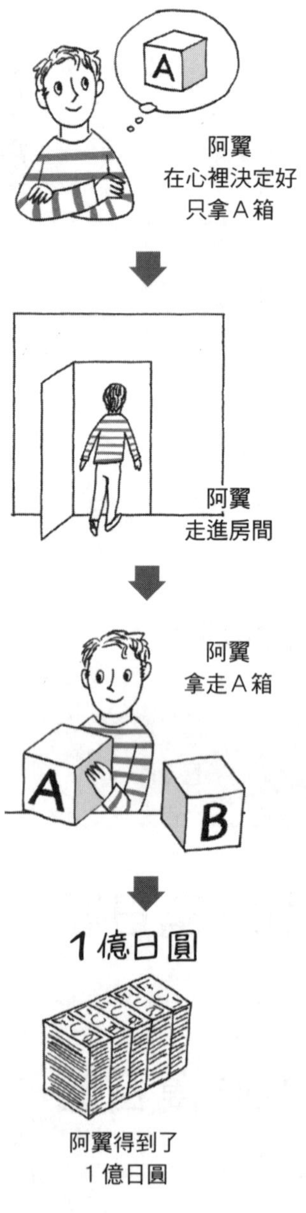
A
阿翼
在心裡決定好
只拿A箱
阿翼
走進房間
阿翼
拿走A箱
A
B
1億日圓
阿翼得到了
1億日圓

請大家注意一下這個流程，我們在這邊加入「助手村上在A箱裡放入一億日圓」的步驟來看看。

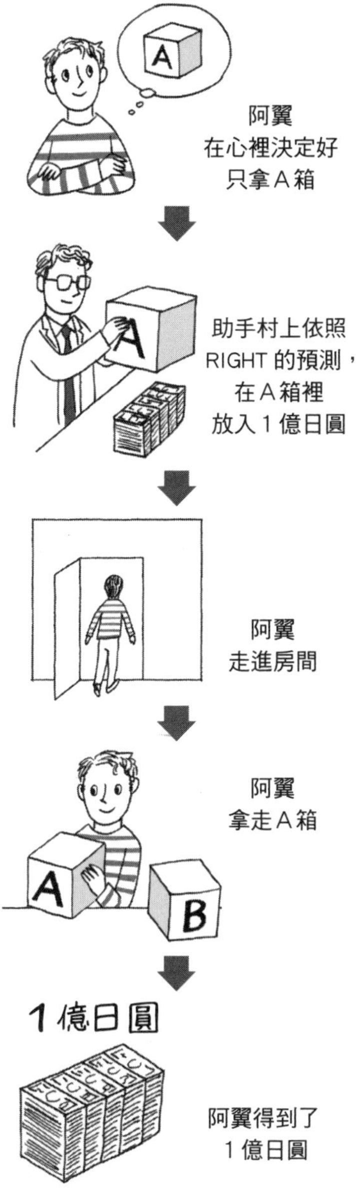
阿翼
在心裡決定好
只拿A箱
助手村上依照
RIGHT 的預測，
在A箱裡
放入1億日圓
阿翼
走進房間
阿翼
拿走A箱
1億日圓
阿翼得到了
1億日圓

在阿翼進入房間的時候，A箱裡已經放好了一億日圓。換言之，因為箱子裡的內容物已經準備好了，無論此時的阿翼只拿走A箱或是同時拿走A箱和B箱，箱子裡面都不會有任何變化。如果阿翼先在心裡想著「只拿走A箱」，走進房間後卻同時拿走A箱和B箱的話，他應該就能得到一億零一百萬日圓才對。

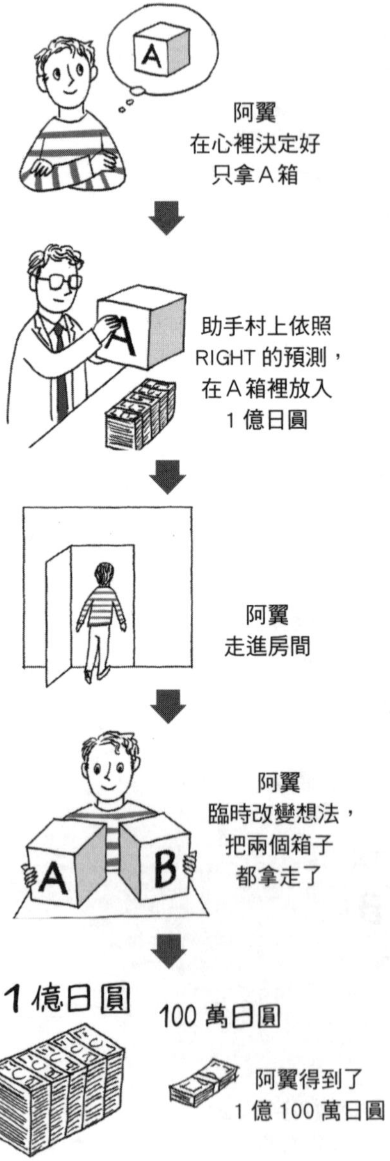
A
阿翼
在心裡決定好
只拿A箱
A
助手村上依照
RIGHT 的預測，
在A箱裡放入
1 億日圓
阿翼
走進房間
A
B
阿翼
臨時改變想法，
把兩個箱子
都拿走了
1億日圓
100 萬日圓
阿翼得到了
1 億 100 萬日圓

不過，這個想法也存在著一個問題，假設阿翼先想好「只拿走A箱」再走進房間，並在進入房間的同時改變心意，改成「還是兩個都拿走好了」，請問 RIGHT 有沒有可能事先看穿阿翼會改變心意的行動呢？

假設 RIGHT 預測「阿翼中途會改變心意，同時拿走A箱和B箱」，無論阿翼走進房間時再怎麼用力想著「只拿走A箱」，A箱裡面一樣會是空的吧。在這個情況下，阿翼就只能得到一百萬日圓，而不是一億零一百萬日圓。

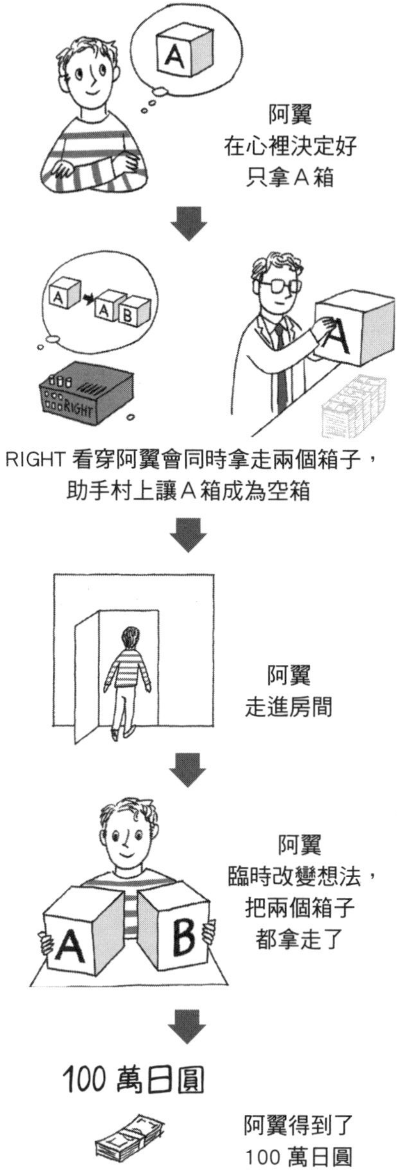
A
阿翼
在心裡決定好
只拿A箱
A
A
B
RIGHT
A
RIGHT 看穿阿翼會同時拿走兩個箱子，
助手村上讓A箱成為空箱
阿翼
走進房間
阿翼
臨時改變想法，
把兩個箱子
都拿走了
A
B
100 萬日圓
阿翼得到了
100 萬日圓

阿翼在心裡想好「只拿走A箱」後走進房間，卻又臨時決定「還是兩個都拿走好了」，並同時拿走兩個箱子的話，請問他最後會得到一億零一百萬日圓，還是一百萬日圓呢？

其實針對這個紐康難題，眾人的意見恰好二分為「在心裡想好只拿A箱，並如實照做才是明智選擇」，以及「先在心裡想著只拿A箱，進入房間後再同時拿走兩個箱子才是上策」。由於這兩個意見的比例正好不相上下，就表示這項思考實驗是個多麼困難的問題了。

如何解讀這名為預知能力的神祕力量，而解讀方式會使答案隨之改變的這一部分，就是讓這項思考實驗成為悖論的原因啊。

若換成是你，請問你會選擇只拿走A箱嗎？還是兩個箱子都拿走呢？

【思考實驗No.14】

生日悖論

在某間高一教室裡有三十名學生，教數學的牧野老師在教室裡開始了這樣的課程。

「目前教室裡有三十名同學，最近才剛開學，想必大家一定還不知道彼此的生日吧。如果三十人中至少有兩人同一天生日的話，你會有什麼感覺呢？請大家想想看自己的想法最接近A～D中的哪一個。」

A：如果三十人中有兩人同一天生日就太神了，這個機率大概是3％吧。

B：這裡明明也才三十人，不太可能有人會互撞生日。同一天生日的機率是10％左右吧。

C：就算三十人中有人彼此同一天生日也不會讓我驚訝，這個機率大概有30％吧。

D：既然這裡有三十人在，感覺上好像會有兩人同一天生日，這個機率應該超過50％了吧。

請大家把自己當成班上的一員來思考看看。

思考提示

●為什麼這會被稱為悖論呢？

關於這個被稱為「生日悖論」的問題，其實只要透過計算就能找到正確答案，在這個計算上，並沒有什麼特別的矛盾之處。

這個問題之所以會被稱為「悖論」，是因為直覺與計算結果之間有明顯落差。在有三十名學生的班級裡，至少有兩人同一天生日的機率會是多少呢？我想大多數的人在直覺上都會認為是選項A的3%，或者是選項B的10%左右吧。

●實際來計算看看

現在就來計算一下在三十人之中至少有兩人同一天生日的機率。關於這個機率，我們可以先算出三十人的生日完全沒有互撞的機率，再用100%減掉這個數字即可得到答案。

（至少兩人同一天生日的機率）

＝100%－（三十人完全沒有互撞生日的機率）

只要實際算算看，你就會明白為什麼不直接計算「至少有兩人同一天生日的機率」，你應該會發現自己根本不曉得該如何來計算吧。因此，這次的算法就是用100％減掉「非此情況的機率」，是比較輕鬆的計算方式。

我們從第一人和第二人開始來算起。

假設座號1號的人是一月一日生。座號2號的人與1號同一天生日的機率，就會是$\frac{1}{366}$了吧（把二月二十九日也算在裡面）。

所以座號2號與1號不是同一天生日的機率，就是除了這個結果以外的部分，也就是$\frac{365}{366}$。

接著想一想座號3號的人和1號及2號都不是同一天生日的機率。只要不與1號以及2號的生日重疊，3號不管在幾月幾日生日都沒差，因此機率就會是366天之364天。

再接著下來，座號4號的生日也和1號、2號，還有3號的人不一樣，所以繼續往下算就是366天之363天。之後就一直計算到座號30號的人，再把所有機率相乘之後，就能算出「30人完全沒有互撞生日的機率」。

$$\frac{365}{366}\times\frac{364}{366}\times\frac{363}{366}\times\cdots\cdots\times\frac{336}{366}=0.27$$

計算結果是0．27，換算成百分比就是27％。由此可知「班上三十人彼此不互撞生日的機率」僅僅只有27％而已。

依照這個結果來看，可得知至少有兩人同一天生日的機率大約是73％，也就是七成機率。在選項A～D之中，D的內容最為符合，而且別說超過五成了，這還是超過七成機率的計算結果。

即使大家會直覺地認為「才三十人而已，有人互撞生日的機率一定很低」，可是實際上這理當是會讓我們覺得「既然這裡有三十人，應該會有誰剛好和別人同一天生日」的機率才對。

你有沒有覺得這個結果的確和直覺有所出入呢？要是有的話，就表示你已經實際體會到為什麼生日悖論會被稱為悖論了吧。

●原本的直覺可以透過某個條件來扶正

面對這次的問題，很多人都認為只有10％的機率，或是覺得這個機率簡直就像奇蹟一樣吧。其實只要透過某個條件，這就能稱為是正確的直覺了，那就是像下述這樣的案例。

「好了，目前教室裡有三十名同學。最近才剛開學，想必大家一定還不知道彼此的生日吧。那麼假設現在有個轉學生來到班上，這個轉學生剛好和三十人中的某人同一天生日的話，你會有什麼感覺呢？」

在這個情況下，我們可以粗略地在腦中計算出接近答案的數字。這是要算出一個人與三十人中的某人是同一天生日的機率，所以答案應該和$\frac{30}{366}$差不了多少。$\frac{30}{366}$大概是8．2％，算是落在選項A的3％和選項B的10％左右之間對吧，這的確是符合直覺的計算結果。

實際上在三十名同學中也可能有人彼此同一天生日，轉學生不會撞到的生日日期會更少，因此計算結果的數字會變得比$\frac{30}{366}$還要小（7．6％左右）。這個答案看起來愈來愈接近選項的A和B之間了。如果當時你很猶豫該選A還是B的話，就表示在這個案例上，你的直覺具有十分敏銳的數字感。

說到我們為什麼會忍不住直覺地認為「這是宛如奇蹟的機率」，是因為人會自然地以特定人物，甚至是以自己作為基準來進行思考。這次的問題雖然是「班上至少有兩人同一天生日的可能性」，大家卻在無意之中想成是「至少有兩人和自己同一天生日的可能性」。

據說人類接觸數字的歷史還不算長，對數字的直覺不是很敏銳。在提到價格或分量的時候，就算開口詢問：「這大概是多少呢？」也經常會得到「不會很貴」、「分量應該很足夠」等等讓人連範圍也不知道的答案。

在另一方面，由於數字具有強烈的說服力，使用數字的說明都會比較淺顯易懂。換句話說，人雖然不太擅長接觸數字，數字本身的力量還是有助於我們理解與聯想，這也可以說是人容易被數字騙的意思吧。

【思考實驗No.15】

烏鴉悖論

在某間餐廳裡，主管正在和下屬談論邏輯學的話題。

「所有烏鴉都是黑色的，這是無庸置疑的事實吧。」

「是啊，烏鴉本來就是黑色的生物嘛。」

「你聽好囉，若要檢驗『若A則B』的命題，只要驗證『否逆命題』的『若非B則非A』即可。」

「是啊，你說得沒錯。在數學上來說，原命題與否逆命題絕對是同真同假。」

「那我們只要運用否逆命題就一定能證明所有烏鴉都是黑色，也就是能驗證出『若是烏鴉則為黑色』的命題。」

「沒錯，我們就來試試看吧。天空不是黑色，所以不是烏鴉；櫻花不是黑色，所以不是烏鴉；這家店的桌子不是黑色，所以不是烏鴉；免洗筷不是黑色，所以不是烏鴉……」

請問他們能用這個方式驗證成功嗎？

此時你可能會覺得「世界上也有白色的烏鴉」，不過這個部分後面會再談，請大家先以烏鴉是黑色的來思考。

「所有烏鴉都是黑色」？

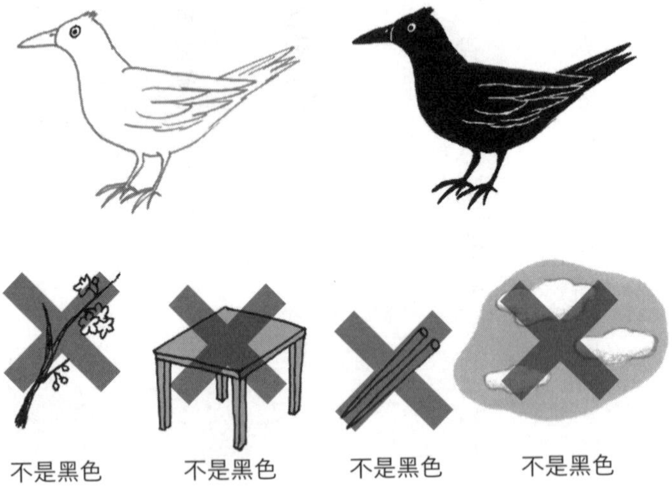

思考提示

●逆命題、否命題、否逆命題

在「若A則B」的假設（命題）中，就會出現下列狀況。

「若B則A」＝逆命題
「若非A則非B」＝否命題
「若非B則非A」＝否逆命題

如果把「櫻花是植物」作為命題，逆命題就是「若是植物就是櫻花」，否命題會變成「不是櫻花就不是植物」，否逆命題則是「不是植物就不是櫻花」。

原命題與「逆命題、否命題、否逆命題」

命題「櫻花是植物」

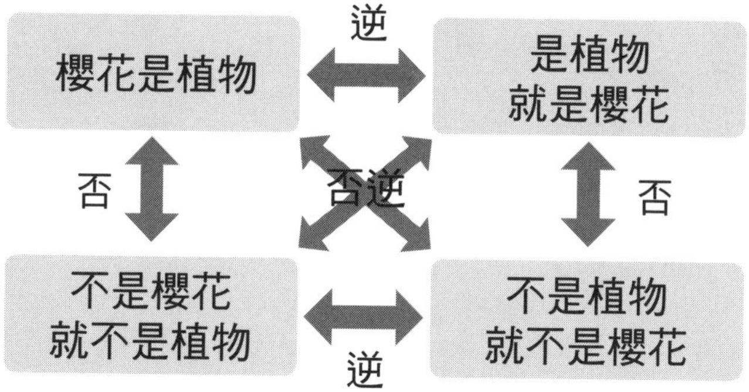

逐一來看的話，可得知否命題和逆命題的敘述雖然有誤，否逆命題的內容卻是正確的。即使不是櫻花，還有其他很多像是蒲公英、山茶花或蘿蔔等植物（否）；就算是看到植物，那也不一定是櫻花（逆）。

再來看看其他例子吧。

假設：「紅色是顏色。」

逆命題：「顏色都是紅色」……其他還有藍色或黑色。

否命題：「不是紅色就不是顏色」……像綠色或黃色也是顏色。

否逆命題：「不是顏色就不是紅色」……這樣說的確沒錯。

假設：「人不會飛。」

逆命題：「不會飛的就是人。」……也有可能是馬或牛，書本或電線桿。

否命題：「不是人就會飛。」……像杯子或山羊也都不會飛。

否逆命題：「會飛的就不是人。」……這樣說的確沒錯。

在這樣的假設條件下，雖然逆命題和否命題的敘述有誤，否逆命題的內容卻是正確的。那麼現在就來看看烏鴉悖論吧。

假設：「烏鴉都是黑色。」

逆命題：「黑色的東西都是烏鴉。」……可能是海苔或巧克力，又或者是文字。

否命題：「不是烏鴉的東西都不是黑色。」……鐵砂和夜空也是黑色的。

否逆命題：「不是黑色的東西都不是烏鴉。」……這樣說的確沒錯。

在數學中若要證明假設（命題），經常採用的方式就是驗證否逆命題，以否逆命題為真的結果來證明假設也是正確的。

那在「烏鴉悖論」中，假設我們想驗證逆命題的結果好了。在這個時候，我們就會像故事中的下屬一樣：「天空不是黑色，所以不是烏鴉；櫻花不是黑色，所以不是烏鴉……」像這樣開始調查所有不是黑色的東西。持續這個作業之後，你應該就會發現一些神奇的事。

那就是「這明明和烏鴉有關，自己沒有調查任何一隻烏鴉」，以及「要證明烏鴉是黑色的，就必須知道蒲公英是黃色的」。

這就是為什麼「烏鴉悖論」會被稱為悖論的原因了。正常來說，大家通常都是直接調查自己感到好奇的對象，但是烏鴉悖論驗證烏鴉是黑色的方式卻不是調查任何一隻烏鴉，另外為了證明烏鴉的黑色，還得要確認橘子是綠色還是橘色，這些舉動就是讓人覺得怪怪的。除此之外，我們也不需要調查黑芝麻是不是烏鴉，不用調查其他任何黑色的東西也沒關係。

烏鴉悖論的邏輯

假設「烏鴉都是黑色」

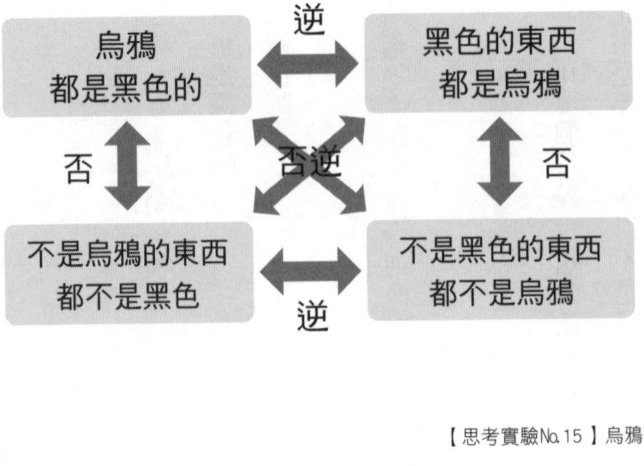

假設我們不畏這種奇妙的感覺，繼續這樣調查下去好了，結果到頭來還是會調查得沒完沒了。因為即使花上一輩子的時間，我們也調查不完所有不是黑色的東西。每天都會有不是黑色的東西（製品或生物）誕生，也有像海底或宇宙這種調查不了的地方。

就算有人說：「只要調查完所有不是黑色的東西，就可以證明烏鴉是黑色的。」這個打從一開始就不可能做到的事實，也是讓人在直覺上難以接受的原因之一吧。

然而在邏輯上來說，「只要調查完所有不是黑色的東西，就可以證明烏鴉是黑色」的敘述並沒有錯。雖然不可能實際驗證，但這依然是正確的理論。因為與實際感受之間產生了如此差距，才讓這個問題成為了知名的悖論啊。

順帶一提，由於原本的假設一開始就有誤，所以就算烏鴉悖論的邏輯是正確的，這個驗證在發現「白色烏鴉」的時候就已經被推翻了。

二〇一七年五月在京都發現的白色烏鴉，是從嘴白到腳的美麗鳥兒。牠們有些是罹患了白化症，因而天生就缺少色素的烏鴉；也有些是因為變種才變成白色的烏鴉，而其他動物一樣從以前開始就存在著白化症或變種的類型。

●來自烏鴉悖論的創意發想

雖然烏鴉悖論的邏輯讓人難以接受，但是只要好好應用，就能讓我們進行各種詭異的驗證。

例如要證明「所有人魚都會游泳」，只要調查否逆命題「所有不會游泳的東西都不是人魚」就可以了。另外也可以用來驗證像是「所有外星人都是粉紅色」之類的弔詭證明。

這些證明不同於剛才的烏鴉悖論，不會出現一找到白色烏鴉就會被推翻的情況。因為無論是不會游泳的人魚、還是粉紅外星人，我們都不可能找得到。

要是一開始的假設有誤，就會像這樣冒出各式各樣的詭異證明。若再發揮邏輯學的力量，火力全開地論述逆命題或否逆命題的話，聽起來也會莫名地有說服力。即使人魚和外星人實在太牽強，只要巧妙地拿出奇怪的邏輯來辯駁，有時候還是可以把黑的說成像白的一樣。我希望大家隨時保持的一個觀念，就是懂得去懷疑自己有沒有不小心相信了詭異的邏輯。

【思考實驗No.16】

伽利略的思考實驗

伽利略（Galileo Galilei）在研究科學的時候，認識了亞里斯多德（Aristotle）的學說，即「物體愈重，落下速度就愈快。」

伽利略在心裡這麼想著：

「重物落下的速度比較快？這個看法真的沒錯嗎？」

於是，伽利略便開始進行了思考實驗。

「假如亞里斯多德的看法是正確的，一百公斤鐵球與一公斤鐵球同時落下時，一百公斤鐵球應該會先落地。那要是這兩顆鐵球被繩子連接在一起的話，又會出現什麼結果呢？

假設亞里斯多德是正確的話，表示一百公斤鐵球會先落地，那被一百公斤鐵球拖走的一公斤鐵球應該更早落地；然後相反地，被一公斤鐵球拉扯的一百公斤鐵球最後會比較晚落地才對。

另外，若亞里斯多德是對的，這個由兩顆鐵球連接在一起的物體就是一〇一公斤加上繩子的重量，總重量當然比一百公斤鐵球還要重，所以照理來說，它在這三樣物體當中會是最快落地的。

假設亞里斯多德是正確的，這時候就會冒出兩個相互矛盾的事實。」

請大家繼續接著讀下去，看看從這項思考實驗中到底能明白什麼。

用繩子連接在一起的這兩個物體會如何落下呢？

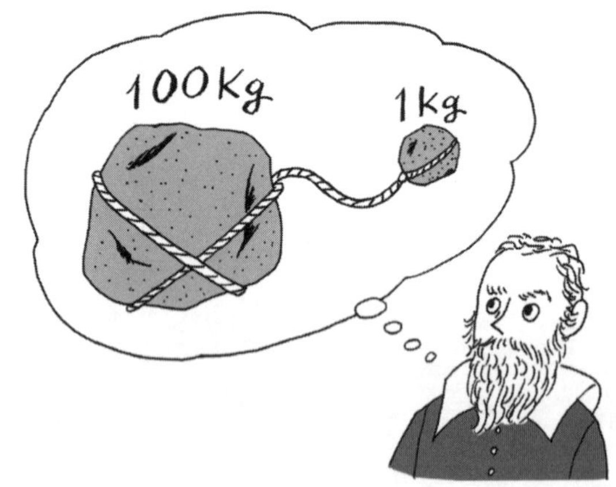

１００公斤和１公斤的物體連接在一起後……

思考提示

「重物先落下論」在當時被社會視為無庸置疑的「事實」，對此事存疑的伽利略便發揮了十分有彈性的思維，在腦海中嘗試了一百公斤鐵球和一公斤鐵球同時落下的思考實驗。在實驗的最後，伽利略得到原本作為假設的亞里斯多德學說「重物先落下論」是錯誤的結論。

這就是現在寫在教科書裡，大家理所當然地在學校學到「所有物體會等速落下」的道理。

不過實際實驗之後，當鐵塊與氣球同時落下時，最後是鐵塊比較快落地；一個裝著水，另一個塞滿棉花的兩個相同容器同時落下時，則是裝水的容器比較快落地。看來不是所有物體都會等速落下的樣子啊。

教科書與伽利略當然都沒有錯，伽利略認為不是「重物會先落下」，而是所有物體原本都是等速落下，但是因為空氣阻力的關係，裝水的容器才會比裝棉花的容器還快落地。揉成圓球狀的面紙與維持原狀的面紙同時落下時，圓球狀的面紙會比較快落地的結果，也能讓我們實際體會到落下速度並非取決於物體重量。像是以人為例，在張開降落傘的時候，即使整體重量增加也能讓人緩慢降落。

現今已經證明了當鐵球和羽毛在沒有空氣阻力的真空落下時，兩者確實會等速墜落。

●在無法對照答案的問題中追求真相

在伽利略的年代，當時不可能進行真空的實驗，所以在實際上，伽利略沒辦法做出「在沒有空氣阻力的狀態下，讓兩個物體同時墜落」的實驗。這就表示伽利略在面對這個無法透過實際行動尋求解答，也就是沒有答案可以對照的問題時，他只利用思考實驗就找出了正確答案。

在天天讀著教科書且有解答可以對照的安心環境下，很難冒出這種創意發想和思考吧。實際打造出情境進行實驗，去了解「的確是這麼一回事」其實十分簡單，孕育創新想法的重要關鍵就在於面對沒有答案的問題時，自己究竟能冒出多麼接近真相的思維了吧。

有人說伽利略在比薩斜塔上實際做了自由落體實驗，但據說這個故事只是伽利略的徒弟捏造出來的，在有空氣阻力的狀態下，伽利略不可能在那場實驗中得到如意的結果。

伽利略真正實行過的是讓物體在斜面滾動的實驗，他的徒弟說不定是想要增加實驗的震撼力才這麼說的吧。

順便一提，其實關於亞里斯多德的「重物先落地論」，當初已經有人比伽利略更早提出了質疑，那個人就是數學兼物理學家，一位名叫賽門·史蒂溫（Simon Stevin）的人物。

看來思考實驗不管在哪個時代，都能孕育出足以打破當時常識的思考力與發想力呀！

第 3 章

探討如何判斷價值基準的思考實驗

【思考實驗No.17】

藝術的價值1——真品與假貨

十七世紀有個名叫司考吉的知名水彩畫家，現今他的畫作已被炒作得十分高昂。像是這幅《日常天空》的作品就是其中之一，據說目前擁有高達三億日圓的價值。

不過某一天，世人發現這幅《日常天空》並非出於司考吉之手，而是司考吉某個落魄畫家友人的作品。司考吉從友人手上得到這幅畫作後便裝飾在家中，所以才會被誤認為是他本人的畫作。當這個真相曝光之後，美術館就撤下《日常天空》，它的價值也立刻一落千丈。

很熟悉司考吉的專家說道：

「的確只有這幅作品散發了異樣感。當我知道這不是司考吉的作品時，我立刻就恍然大悟了。因為不只是筆觸有落差，使用的色調也不像司考吉的風格嘛。」

畫作本身並沒有產生任何變化，這幅名叫《日常天空》的作品確實曾為眾人帶來感動，讓人們留下愉快的回憶。

然而，為什麼《日常天空》的價值會跌落谷底呢？

日常天空

思考提示

這項思考實驗中的司考吉雖然是個虛構的藝術家，但在知名畫家的畫作中，的確有不少「無法確定是否由本人所畫」的作品。

司考吉的《日常天空》從原本的大師名作變成無名畫家筆下的作品，這位無名畫家奪得世人的關注，以後他的作品價值說不定會節節攀升，然而世人對《日常天空》的評價卻是風雲變色。或許是因為真相曝光的關係，各個專家也像在落井下石一樣，開始質疑這幅作品過去得到的高度好評。

無論是被誤認為是司考吉的作品，還是被發現其實是出自無名友人之手，這幅《日常天空》完全沒有出現任何變化，作品本身擁有的美好一點也沒有改變，然而它的價值為什麼會直直落呢？

實際上也會有相反的情況吧。假設某家店掛著一幅看起來像是塗鴉的畫作，讓人不禁心想著為什麼店家不掛更好看一點的畫，當老闆看到你正在盯著畫看，喜孜孜地靠過來說：「這幅畫很棒吧，這可是畢卡索的畫喔！」這時候你會覺得如何呢？想必你一定會改變對這幅畫的評價吧。就算自己不懂得欣賞畫，但還是會覺得「雖然在我看來就跟塗鴉沒有兩樣，但我知道這是一幅很有價值的畫。畢竟是畢卡索畫的嘛，懂畫的人一定了解它的價值吧」。即使你依然覺得那只是幅塗鴉，你的評價也會從「塗鴉」變成「畢卡索的塗鴉」。

當初你覺得像「塗鴉」的畫作明明沒有任何變化，為什麼你卻改變了評價呢？

這是因為我們知道「畢卡索」的名號具有偉大藝術家的價值，「畢卡索＝被稱為二十世紀大畫家的人物」的知識讓你改變了評價。

這樣一想之後，這與其說是畫作本身擁有的價值，不如說是社會大眾對於繪畫的價值觀在抬高畫作價格。看來比起畫作本身的評價＝內在因素，繪畫的價值主要是依據社會評論＝外在因素而定的樣子。

電視會播出判別「高檔品」與「平價貨」的猜謎節目，來賓以為是好貨的物品時常與答案相差甚遠，並且有人答錯的時候，當事人還會被數落成不懂藝術或美食價值的人。

包含觀眾在內，讓許多人一頭霧水的「價值落差」到底是來自哪裡呢？關於這個大家幾乎搞不懂的價值落差，仰賴外在因素的部分通常都比內在因素還要多。畢竟光看物

物品的價值是取決於什麼呢？

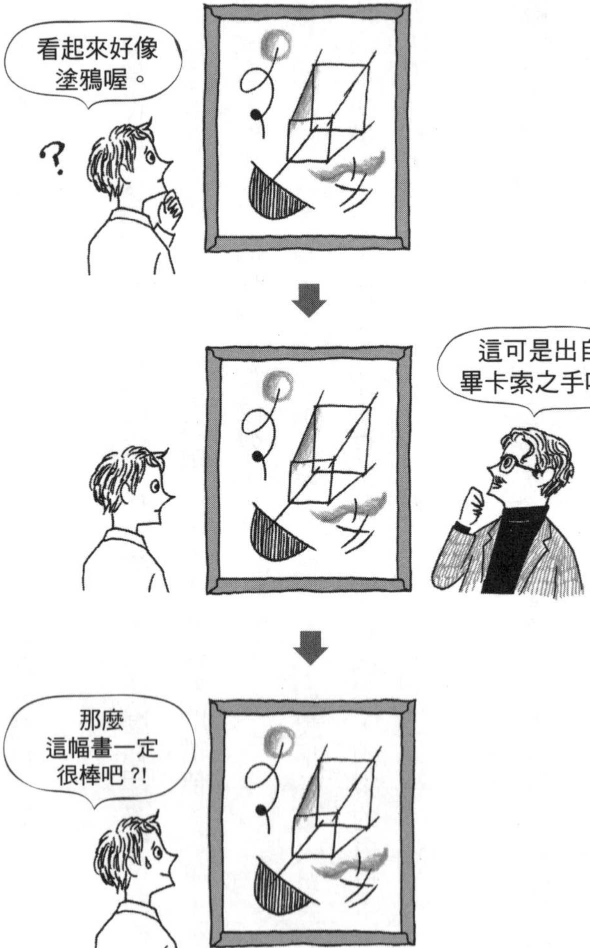

即使畫作本身沒有任何改變，
「出自畢卡索之手」的外在因素仍然抬高了畫作價值。

品的外觀，我們也看不出價值的差異。而有能力看出其價值的人，幾乎都是因為具備了「這才是好貨」的知識。比方來說，有時候也會出現像是「價格比較貴的是A，但我個人比較喜歡B」，個人喜好與實際價值不一樣的情況。所以這個時候如果只看內在因素，B在自己眼中比較具有價值，加上外在因素後則是A的價值變得比B還要高。

以一塊蘋果派為例，用鋁箔紙包一包就直接遞給你的蘋果派，以及時髦餐廳端出漂亮擺盤的蘋果派，大家根本不會覺得兩者的價格一樣吧。即使蘋果派本身一模一樣，用鋁箔紙包起來的看起來頂多兩百日圓，但是從餐廳端出來之後，說不定就算要付一千兩百日圓你也可以接受。

由此可知物品的價值取決於「本身的價值（內在因素）」＋「外部的評價（外在因素）」，而且外在因素出乎預料地占有很大一部分。

那麼如果作品是畫家本人所畫的事實沒有改變，作品價值卻開始往下掉的話，這很有可能是什麼原因造成的呢？在下一項思考實驗中，就要來思考大受好評的畫作其實是作者失敗作的情況。

【思考實驗No.18】

藝術的價值2——日記與真相

十六世紀的知名油彩畫家司考吉亞十分受歡迎，她的每一幅作品都被貼上了破天荒的價格。像是這幅高四十五公分，寬五十公分的抽象畫也是其中之一。

然而，當世人發現她徒弟寫的日記之後，就讓大家知道了出乎意料的真相。

○月×日（陰天）

今天老師買了木板回來，因為上面的木紋實在太精采，讓我忍不住看得好入迷。

但是老師卻說：「因為店裡只剩這個，我也別無選擇啊。」看來老師只是買下店裡僅有的一塊木板而已。但這就是命中註定吧，我覺得一定就是這樣。

接著老師把這塊木板放在地上，一邊構思、一邊在調色板上準備了各種顏料。就在這個時候，調色板從老師手中掉了下來，在木板上整個翻了過來。老師一臉闖下大禍的表情，嘴上説著：「啊啊，這下完蛋了……」並伸手撿起調色盤，打算把木板直接拿去丟掉。

可我卻覺得這樣的色彩搭配很有意思，便問老師：「要不要直接畫成完整的作品呢？」老師就説：「這已經救不回來了啊，不過看起來也不是很糟糕，就這樣放著好了。」最後決定把這幅畫保留下來。

這是怎麼一回事？這幅名叫《幻想思想》，被認為是司考吉亞筆下的作品竟然只是失敗的副產品罷了。這無法被視為是司考吉亞的作品，而且根本不值得那麼高的評價。

為什麼這幅美好的「作品」，評價會立刻變得一落千丈呢？

思考提示

恐怕《幻想思想》的作品名稱也不是司考吉亞的意思，而是徒弟取的名字吧。但即便如此，這幅畫作長久以來依然作為司考吉亞的作品深受眾人的喜愛。

當大家知道這其實是調色盤不小心掉落而形成的作品，而且司考吉亞本人也沒有留下什麼好評的時候，這幅畫作又失去了什麼呢？

在〈藝術的價值1——真品與假貨〉中，當世人發現作者其實是他人的時候，那幅畫就失去了身為司考吉作品的事實。作品的價值與畫作本身無關，而是受到是否出自司考吉本人筆下的外在因素左右。

在這次的情況中，那幅畫一樣能算是司考吉亞的作品，雖說是失敗之作，但仍然是司考吉亞親手在調色盤上準備好顏料，然後不小心掉在木板上偶然而生的。至少這幅畫作無法稱為是假貨。那到底是什麼在左右作品的價值呢？

請你想像一下自己來到了美術館，館內有一幅你從來沒看過的畫，那是一張十分漂亮的風景畫，用色尤其突出，就算是不懂藝術的人也會有莫名情感油然而生。這時候如果有人向你說明「這幅畫誕生的來龍去脈」，你一定會感到十分好奇吧，原來不只畫作本身，連畫作背後的故事，也具有撼動眾人情感的力量。

這幅風景畫是在何時何地畫的？

作者為什麼會想畫下這幅風景畫？

這幅風景畫的作者有什麼樣的生平？

這些「關於作品的背景」就會改變作品本身的價值。

司考吉亞的《幻想思想》已經變成一幅就算想去了解其中的故事，也很難體會得到的作品了，因為背後根本不存在任何「作者想要畫下這幅畫的理由」。同理可證，假設某位雕刻家的作品其實是大自然經年累月侵蝕岩石而成，想必那個作品一定會失去絕大部分的背景故事吧。

我們當然還是會感念大自然的偉大，樂在不可思議的神祕世界中，只是感受不到作為「雕刻家作品」的故事。看來對作品而言，還是需要只有作者本人才能向外傳遞的訊息。

吟詠過許多自由律俳句的知名俳句詩人種田山頭火，曾經留下此一名句：「愈入愈深，再入更深，青山不絕。」因為種田山頭火曾度過波瀾不斷的人生，並擁有身為優秀俳人的名聲與深受肯定的品味，

「作品的背景」與「作品的價值」

畫下作品時的「作家心情」與「幕後故事」
會提升作品的價值。

所以此一名句才會顯得精采絕倫。

若是平時居住在大城市裡，幾乎沒有爬山或旅行經驗的學生來吟詠，意義不但會變得完全不一樣，也得不到像種田山頭火那樣的評價。走在這條道路的達人是以豁達的角度來吟詠詩句，所以這些才會成為牽動人們想像的名句。

如果種田山頭火稱讚了某位名不見經傳的小人物作品呢？若是由蕭邦（Chopin）或維梅爾（Johannes Vermeer）稱讚的話呢？那部作品的價值會出現什麼樣的變化呢？在下一項思考實驗就是要來思考這個問題。

【思考實驗No.19】

藝術的價值3——巨匠的推薦

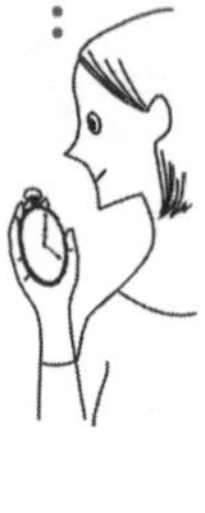

司考吉提姆是位藝術巨匠及知名雕刻家，他的名聲威震了全世界。

某天，司考吉提姆在路上看到一位年輕男子，男子正在街頭販賣著自己製作的小小雕刻品。男子的名字叫喬刻苦，因為看起來完全沒有生意，他感覺不太有精神的樣子。

不過，巨匠司考吉提姆露出犀利眼神盯著男子的作品，留下了「真是精采」的評價。之後，司考吉提姆向其他人說自己發現了一位厲害的雕刻家，他留下的評價便一口氣傳遍千里，讓路邊擺攤的雕刻家立刻搖身成為話題人物。

司考吉提姆對男子的所有作品都讚不絕口，作品的價格也急速攀升，喬刻苦轉眼間就獲得了「年輕天才雕刻家」的名號。

喬刻苦的作品並沒有產生任何變化，他的作品依然是當初在路邊擺攤時的商品，然而，為什麼作品價值會在一瞬間水漲船高呢？

思考提示

當初就算在路邊擺攤，喬刻苦的作品也完全賣不出去，但現在受到司考吉提姆的評價影響，一口氣就變成了高價的熱賣商品。作品本身依然是一樣的東西，和〈藝術的價值1——真品與假貨〉的《日常天空》不同，作者並沒有換成另一個人。無論作者還是作品本身，喬刻苦的作品都和之前一模一樣，唯一改變的地方，僅僅只是得到一位名叫司考吉提姆的藝術巨匠肯定。

世人對於藝術的評價，都會被這種權威人物的評價輕易地左右。明明喬刻苦的作品和以前在路邊看到的一樣，當初完全沒有興趣的人也因為司考吉提姆的好評而改變了評價。

以一個更好懂的例子來比喻，這就像是文學獎之類的權威獎項吧。即便是完全不了解文學，平常也沒有在讀小說的人，也會對得過權威大獎的作品產生興趣並主動接觸。

文學獎如同雕刻界的司考吉提姆，會為作品賦予來自權威人士的社會評價，而不是去改變作品本身。我們並不曉得獲得好評的作品對自己來說到底優不優秀。

那麼藝術的美好到底是什麼呢？到底是由誰來決定的呢？因為藝術實在太難懂了，我們可以信任司考吉提姆或是文學獎，這些「被認為是懂得藝術價值的人」所留下來的評價嗎？

人是會對不明確的事物感到不安的動物。我們會向明顯在求助的人伸出援手，但是一旦覺得對方說不定不需要協助的時候，就會開始猶豫是否該助上一臂之力。這個心理作用是出自於「如果對方不需要就會讓自己出糗」，或者是「只要配合大家就不會有事」等心情（多數的無知，pluralistic ignorance）。

來自權威的評價含有「就算稱讚這件作品也不會丟臉喔」的意涵，也善盡了成為社會評價基準的任務，告訴我們「大眾潮流對這件作品的認知度已經提升了」。

【思考實驗No.20】

工作的意義與活著的意義

「唉……每天都過得好累喔，好想趕快脫離工作重獲自由喔。」

京子今天也結束了辛苦的工作，匆匆踏上歸途。她從離家最近的車站要走回去的時候，眼前突然冒出了一個全身怪里怪氣的老人，這位老人拿出了一個按鈕給京子。

「這邊有一個壽命換錢鈕，只要按下它就會減少十年壽命，不過相反地，妳以後就可以不用再工作了。」

「這是什麼意思？」

「妳的戶頭每個月都會收到不用工作也能不愁吃穿的錢。其實妳只要想成是在販賣壽命就好了。」

京子對這個按鈕很有興趣，想要仔細理解一下老人的意思。

「那個……只要我按下這個按鈕，就可以從工作中解脫的意思吧。」

「是的，就是這個意思。」

「按下它之後，我還可以再繼續工作嗎？」

「雖然這是個人的自由，但妳根本沒有工作的必要吧，因為會有錢自動匯進妳的戶頭啊。乾脆去好好享受一下人生怎麼樣？」

「減少壽命的意思，是指我從現在開始會一口氣增長十歲嗎？還是砍掉最後的十年人生？我個人比較希望是後者啊。」

「就是縮短妳的平均壽命。妳的壽命會一口氣縮短十年的意思。」

老人靜靜地站在原地。

「可是我又不知道自己有幾年壽命，說不定我只剩不到十年可活了。如果是這種情況，當我一按下之後就會立刻死去嗎？」

「不，妳不會死喔，妳是還有十三年以上壽命的人。我只會跟這樣的人進行交易。」

「所以我至少還有三年可活的意思啊。」

「就是這個意思。」

京子緊盯著按鈕，開始胡思亂想了起來。

「該怎麼辦才好呢……？」

請問換成是你的話，你會按下「壽命換錢鈕」嗎？

思考提示

只要瀏覽一下網路，就能發現不少關於用壽命換取金錢的問卷。其中大多數的人都選擇了「販賣壽命」，而在回答「想賣幾年壽命」的問題時，答案從一年到三十年應有盡有。我便整理了按下按鈕賣掉壽命，以及不按下按鈕的人分別有什麼樣的意見。

●按下按鈕的意見

- 想從痛苦的工作中解脫。
- 與其細水長流，不如過得精短充實。
- （覺得這是會減少最後十年的人）不需要已經變老的十年。
- 賣掉壽命之後想二度就業繼續工作。
- 長壽會為孩子帶來負擔。
- 想要賣掉壽命，把錢留給孩子。
- 以現在的平均壽命來看，就算少個十年也沒差。
- 想要輕鬆度日。
- 反正都會因為過勞而減壽，就算賣掉壽命也差不了多少。

・覺得現在的日本沒有希望。

●不按下按鈕的意見

・很滿意現在的工作。
・想要長命百歲。
・想在生活中獲得刺激。
・想多吃一點美食。
・不工作的話會變得很閒。
・（覺得自己可能會馬上死掉的人）我怕賣掉壽命後會立刻死去。
・雖然壓力太大會讓人很傷腦筋，但我覺得工作仍然是必要的壓力。
・販賣壽命感覺很可怕。
・覺得賣掉壽命之後自己一定會後悔。

你又有什麼意見呢？關於這些問卷中提到的「販賣壽命」，有人覺得是賣掉人生倒數的那幾年，也有人覺得自己會在當下變老。由於這都要看回答問卷的人如何解讀，每個人的答案可能也會因此而改變，但我們依舊可得知許多人都願意販賣自己的壽命。

在工作中承受龐大壓力的時候，只要一想到這些壓力會累積在身體裡造成傷害，甚至還會引發疾病的話，別說是「就算賣掉壽命也沒差多少」，這樣說不定還可以延年益壽。

・人類平均壽命有八十～九十年（但是健康餘命比平均壽命還短）。

・後半段的人生會逐漸無法自由行動，生活會變得很辛苦。

如果把這些對於高齡人士的印象套用在自己的晚年上，並想像自己會減少幾年壽命的話，似乎很多人反而覺得拿到錢的人生比較充實。

以故事中的京子來說，她並非是失去人生最後的十年，而是縮短整體的壽命。意思就是她會比一般人更快年華老去。儘管如此，應該還是有不少人會選擇按下按鈕吧。

尤其日本人都習慣把負面風險評估得比較高，喜歡事先做好萬無一失的準備。我們不但每天都看得到人壽保險的電視廣告，很多人也都覺得比起賺到一萬日圓，損失一萬日圓的心情更讓人感到沉痛。假設有個猜拳遊戲是猜贏就能獲得一萬日圓，但是一猜輸就得支付一萬日圓的話，那肯定是不想參加的人比較多吧。若將長壽視為風險，反而讓人覺得選擇賣掉壽命的好處比較多。

另一方面，我們也來思考一下賣掉壽命並辭職的情況吧。「從事的工作」無庸置疑就是塑造一個人的巨大元素。人們不但會把大量時間投注在工作上，很多人也能從工作中找到活著的意義。

現在有不計其數的人在退休後找不到生活目標，每天都閒到發慌，也有許多人頓時失去與人交際的機會，成天宅在家裡過日子。這種失去刺激起伏的生活，實際上也會縮短人的壽命。這樣一想之後，好不容易賣掉壽命成功離職，這種生活卻反而成為自己的壓力，讓壽命變得更短暫也是不無可能的事。

工作是我們與社會連結的橋樑，能讓人感覺到自己是社會上的一分子，所以大家一定會擔心脫離這個環境後的生活。

即便是選擇不按按鈕的人，也不見得所有人現在都活得很快樂。有人因為家庭因素，「不想白髮人送黑髮人」或是「怕減壽後見不到孫子一面」，想要懷抱著責任感及希望活得長壽一點；也有人認為「只要活著就有意義」、「死了就什麼都沒了」，對於生命心懷感恩並能體會活下去的重要性。

從上述理由來看，可見不少案例都是為了與社會有所連結而工作，覺得「既然要繼續工作，那就沒有必要按下按鈕」，最後才會選擇不按下按鈕的決定。

●因為不曉得自己的未來與餘命，才會選擇賣掉壽命

假如要賣掉壽命，重點還是要看有多少餘命吧。是剩下十五年嗎？還是剩下五十年呢？想必你的選擇一定會因此產生重大改變。要是知道自己只剩十五年可活，會按下按鈕的人一定少之又少吧。

不過，在選擇是否要販賣壽命的時候，我們無法得知自己還剩下多少餘命。許多回答按下按鈕的人，正是因為不曉得自己的壽命長度，才能以樂觀的角度來猜測自己的平均壽命並按下按鈕。

不過一旦真的要按下去的時候，應該很多人也會開始猶豫不決吧。

請問你會選擇按下壽命換錢鈕嗎？

【思考實驗No.21】

洞穴比喻

在洞穴的深處有好幾個被綑綁住手腳的囚犯，他們從一生下來就是這個樣子，也從來沒有看過洞穴外面的模樣。囚犯都面向著洞穴深處，眼前就是牆壁，所以他們也無法看到洞穴外的景象。

在洞穴的入口有一團火，火光照亮了整個洞穴。囚犯們與火球之間有一條通道，通道上有一道矮牆，是只要人蹲下來就會剛好被牆擋住的高度。

從囚犯那邊的方向看過來，在矮牆的另一邊有個人蹲在地上。這個人拿出狗造型的剪紙，秀在高於牆壁的位置。在火光的照耀下，剪紙的影子就映照在囚犯面前的牆上，同時還播放出真正的狗叫聲。聲音迴響在洞穴中，聽起來就像是從洞穴的最裡面，也就是從囚犯眼前的牆壁發出來的一樣。

那個人還讓囚犯看了像是貓、人類、鳥兒等等各式各樣造型的剪紙或木板。如此下來，囚犯都以為這些影子全是真正的狗或貓。

對囚犯來說，眼前的剪影世界就是他們的全世界。當囚犯看著牆上出現的狗、鳥兒和人類造型的剪影，以及通道上交錯的人影時，他們一定很好奇這些生物在想些什麼吧。囚犯的心裡根本不會冒出「我們看到的該不會都是影子，其實另外還有真正的實體吧」的想法。

某天，其中有一個囚犯突然被拉到洞穴外面，他本來還抵死不從，但最後還是乖乖出了洞穴。因為囚犯早已習慣了洞穴

生活，照耀在陽光底下的世界讓他覺得刺眼到什麼都看不見，感到苦不堪言，不過，等到囚犯慢慢習慣光線後，他就會在這個時候曉得什麼是真正的世界。於是接著下來，他開始同情洞穴裡的其他囚犯，打算把大家都帶出來。

「各位，告訴你們一個好消息！其實洞穴外面有個美好的世界。來，我們去外面吧。」這個囚犯回到洞穴後，建議洞穴裡的其他囚犯去外面看看，但是大家的反應卻不如他的預期。

「哈哈哈，你是怎麼啦？腦袋燒壞了嗎？什麼『美好的世界』，你是不是在做白日夢？」

「這傢伙該不會想騙我們吧？」

「說不定喔，他看起來簡直就是瘋了。」

從這篇故事可以得知，其實我們都不懂什麼是本質（Idea）。就算有人說真相就在那裡，我們也無法脫離眼前才是全世界的刻板觀念。

真的是這麼一回事嗎？我們就像那些囚犯一樣嗎？

思考提示

關於這個洞穴比喻，是哲學家柏拉圖（Plato，西元前五～四世紀左右）在說明理型論（theory of forms）時提出的比喻（出自《理想國》（the Republic）第七卷）。

洞穴裡的囚犯代表了我們人類，大家眼前所見的等同於火光照映的剪影世界。這時候有個如同柏拉圖的老師，也就是像蘇格拉底（Socrates）那樣的賢者成功來到洞穴外面，並打算把我們拉出洞穴，可是，蘇格拉底卻在說服大家的途中遭到處刑了。這就表示我們是多麼強烈反對離開洞穴，並認為企圖讓大家明白真理的賢者是為自己帶來痛苦的存在。

這個知名的洞穴比喻是在現代社會中隨處可見的比喻故事。以學校為例，在學校有許多像是「怪獸家長」、「校園霸凌引發自殺」、「升學戰爭」等特有的問題。儘管對身處在學校裡的人來說，在學校的每一天都是理所當然的生活，「校園霸凌」的問題就是如此近在身邊，然而在已經畢業出社會工作的人眼中，都會覺得學校真是封閉又特殊的社會吧。看到校園霸凌引發自殺的問題時，大人們常說「真希望學生早點轉學」，或是「趕快離開那個學校啊」，但是對當事人而言，他根本沒有餘力去注意外面的世界，滿腦子只想著要在這個名為學校的洞穴裡抗戰。即使只要離開洞穴就能海闊天空，現在身處的洞穴依然是當事人的全世界，要將他帶離那裡並不是一件易事。

電影和動畫中的主人翁經常會踏出習以為常的生活圈並展開「冒險」，周圍的人會稱讚勇敢的年輕人很有勇氣，但是卻不會開口說「那我也來試試吧」。安於現狀不但輕鬆，也能過著不會遭遇危險的安心生活，所以大家才會忍不住一直待在洞穴裡。但是在我們的心裡，還是嚮往著宛如主人翁大冒險的挑戰。只要一聽到像是參與過海外志工這種少見的經驗談時，大家都會露出興致勃勃的模樣，但是會主動說「下次我也要去」的人應該也是少之又少。

在日常生活中，映照在洞穴裡的影子也為我們帶來了很多影響。媒體每天播送的資訊都會染上傳播者的顏色，然後就這樣提供到我們眼前。儘管大家都認為自己與洞穴的囚犯不一樣，有辦法主動提出質疑，但是當我們一旦因為疑惑裹足不前，或是不小心相信超乎常理的資訊時，就無法一路順暢地抵達真相的所在。即便如此，我們每天依然會對端上來的剪影世界感到好奇，看來，心存質疑的重要性著實很發人深省啊。

【思考實驗No.22】

職業與人類的價值

世界因為核子武器爆發而走向滅亡的命運，陷入了絕望的境地，要是現在繼續待在室外，絕對只有死路一條。現場存活下來的二十一人選擇相信奇蹟，決定躲進避難所來想辦法活下去。

然而，這二十一人卻面臨了一件殘酷的事實。避難所只夠十人進去，所以現在大家必須決定要讓誰活下來。現場二十一人從事的職業如下所示。

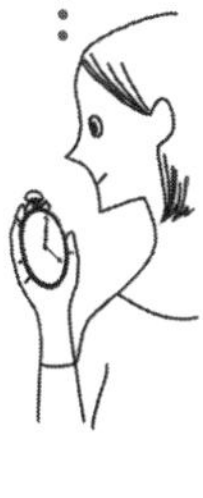

A：有機農夫

B：結構工程技師

C：不動產業者

D：木工

E：歌劇演員

F：投資信託業者
G：豎琴家
H：太空人
I：化學博士
J：電機工程師
K：紅酒拍賣商
L：骨科醫師
M：家事勞動者
N：設計師
O：冰淇淋店老闆
P：動物學者
Q：心理治療師
R：士兵
S：美國參議院議員
T：詩人
U：大學老師

如果你要在這群人中選出十人，你會讓哪十人進入避難所呢？你並不是現場二十一人中的一員，請把自己當作有權選出十人的角色來思考看看。

思考提示

這個問題是電影《末日公投》（After the Dark）中，在哲學課上提出的思考實驗。這畢竟是部電影，不可能以單純的思考實驗來發展故事，但在電影中出現「思考實驗」的問題實在非常難得，我便決定在這裡介紹給大家。

這次的思考實驗是電影中的二十名學生在畢業前夕的哲學課中進行的實驗。U選項的大學老師就是主持這堂課的老師，所以只有老師是以實際職業來參與的。

經過篩選之後，最受歡迎的是A有機農夫、B結構工程技師、D木工、H太空人、I化學博士、J電機工程師、L骨科醫師、Q心理治療師，還有R士兵。有機農夫會受到歡迎，是因為他的農業知識能對生存助上一臂之力；結構工程技師、木工和電機工程師可以打造居所，製造或修理生活必需品的知識也有機會派上用場；太空人和士兵擁有高超體能以及生存必備的專業知識與技術；化學博士、骨科醫師和心理治療師則是可以提供人體的相關知識與治療技術。

實際在電影中，大家也選出了A有機農夫、B結構工程技師、D木工、I化學博士、J電機工程師、L骨科醫師、Q心理治療師和R士兵。剩下最後的兩個人，則是美國參議院議員和老師。因為二十名學生彼此議論之後，發現他們似乎無法把掌握這項思考實驗關鍵的「老師」排除在外。其實這個老師是個狡猾的傢伙，他無法接受自己心儀的才華洋溢女主角（B結構工程技師）與班上成績吊車尾的男生（A有機農夫）兩情相悅，便提出了這項思考實驗企圖讓女主角以「邏輯的方式」明白這件事，甚至還故意搗亂實驗只為了讓一切如自己所願。例如像是只讓自己握有離開避難所的密碼、把自己設計成非選不可的人物，並加上不利於A有機農夫的條件來做手腳。

另一方面，像是E歌劇演員、G豎琴家、T詩人等職業，在適者生存中被視為不需要的存在，所以這群人都沒有被選上。因為這些職業的特色都是人類在獲取基本生活所需、進入下一階段之後才會提起的欲望，大家覺得自己在這項思考實驗的階段還沒有追求豐富心靈與娛樂活動的餘力，所以才會作出這樣的判斷吧。

讀到了這裡，應該也有人會覺得「這是左右他人命運的抉擇，真的能單憑職業來挑選進入避難所的十人嗎？」。因為現在只有提供職業作為思考實驗的選項，大家只是聽從指示來進行選擇，但是處在這麼極限的環境下，的確會讓人覺得已經和職業沒關係了。如果考量到今後的繁榮發展，至少性別和年齡要優先於職業，體力和健康狀態也該視為篩選條件才是明智的做法吧。

電影《末日公投》就像是要激發出這個想法似地，大家在第三場相同的思考實驗中便以「前面兩次很少被選到的人」作為主要篩選對象，盡量不去考慮每個人的職業，最後才終於成功存活了下來。雖然第一場和第二場的失敗終究只是因為有老師在干擾，但是這樣的劇情或許是想藉由不讓職業影響個人價值的故事解答，來傳遞出這部電影想表達的訊息。

人與職業的價值

工作是「賺錢的最佳手段」，在這個社會上沒有錢就活不下去，所以「投入工作」就被視為最容易用來討生活的選項之一。於是，就像每天都要睡覺休息，必須吃飯用餐一樣，對大部分的人來說擁有一份工作已是自然而然的日常生活。

除此之外，每份工作一定都伴隨著名為「職業」的屬性，所以每天都會出現八小時「具有職業身分的自己」，這可是超越睡眠時間的長度。既然我們花費了這麼長的時間，想必工作不只是會影響當事人的性格，也會對生活方式帶來變化吧。由此可見，職業類別會成為評斷個人價值的標準之一也是情有可原，只是所謂的價值，還是會依照時間和場合逐漸產生變化。

價值是根據「是否能派上用場」、「是否值得期待」的程度來衡量，並依照客觀價值與主觀價值的視角之分而產生一百八十度轉變的基準。

即使對A來說是「派得上用場」的東西，對B而言說不定「完全不值得期待」。以客觀來看就算免費也沒人要，在主觀上卻是重要到絕對不放手的東西就多到數不清了吧。

價值並非絕對，而是依據角度產生大幅轉變的元素，彷彿只要轉個念頭就能創造全新意義，總是不時以新潮商品或服務之姿呈現在我們面前，為大家帶來驚喜。

電影《末日公投》的老師本來是想呈現因為A所以B的邏輯過程，只是沒想到事與願違，才會嘗試用創造A來證明B的情緒化作法企圖扭曲事實。他不改僵化的思維，一味地用「這就是邏輯」的理由逼迫他人接受自己的想法，想要強硬地讓事情繼續往下發展，但最後卻忘了保持柔軟的思維與寬廣的視野，看來老師的行為一點也不合乎邏輯啊。

至少我們可以得知即使像這位老師一樣，試圖將職業當作「在客觀且符合邏輯的思考下，用以判定個人綜合價值的元素」，也沒有辦法如自己所願。

【思考實驗No.23】

限時炸彈與酷刑

警察逮捕了在街頭某處設置限時炸彈且是恐怖組織成員之一的男子。警方想要找出限時炸彈的設置地點，男子卻始終不肯回答。負責這起案件的橋本做出沉痛的決定，命令下屬對男子行使酷刑來逼供。

根據目前掌握到的資訊，男子設下的限時炸彈將在二十四小時內爆炸，會造成眾多市民傷亡，只要知道炸彈的地點，防爆小組立刻就能動身前往現場處理。橋本雖然滿腦子想著：「只要知道地點在哪裡就好……」但還是只能無奈地任由時間流逝。

現在橋本陷入了一個大難題，儘管男子在自己的命令下遭受到痛苦的拷問，卻還是一樣死不開口。看來這個男人就算承受生不如死的痛楚，也絕對不會透漏任何情報的樣子。

「再繼續這樣下去，將會有眾多無辜市民喪生……」

為了作為參考，警方找了男子的獨生女過來。由於女兒備受男子的寵愛，警方便想到要是對她嚴刑拷打，說不定男子不用多久就會乖乖招出限時炸彈的地點。

請問我們該對男子的女兒行使酷刑嗎？

如果你是橋本的話，你會命令下屬拷問男子的女兒嗎？這邊的假設是即使實行了酷刑，也不會有人對你興師問罪作為前提。

思考提示

●行使酷刑是萬不得已的選擇嗎？

無論如何都要避免眾多市民的犧牲，這就是目前最重要的目標。如果對犯人的女兒嚴刑拷打就能防止犧牲市民的性命，最後的選項想必已經很明顯了。

不過，現在世界各國已經禁止行使酷刑，酷刑本身就被視為惡行。然而即便如此，選擇行使酷刑真的是正確的決定嗎？

●不應該行使酷刑

「在任何情況下都不應該行使酷刑」就是多數人的共識吧，也正因為如此，世界各國才會禁止。

然而在這次的案件中，大家應該很難去指責橋本對男子行使酷刑的判斷吧。話雖如此，只要沒有成功以酷刑逼迫男子吐露情報，就無法肯定酷刑的正確性也是不爭的事實。只要逼供失敗，酷刑不過只是恐怖的暴力行為。

那假如行使酷刑的對象是男子的女兒呢？這麼一來男子一定會按捺不住，大家都覺得他絕對會招供。比起「女兒的痛苦」，「因限時炸彈而逝去的性命」更是寶貴，我們完全沒有猶豫的必要……讓思考就此停在這裡真的沒關係嗎？

如果故事中的橋本覺得「世界各國已經禁止行使酷刑了，現在當然不可能拷問與案件沒有直接關聯的無辜女兒」，而於最後選擇不對女兒嚴刑拷打的話，你

應該以哪邊為優先呢？

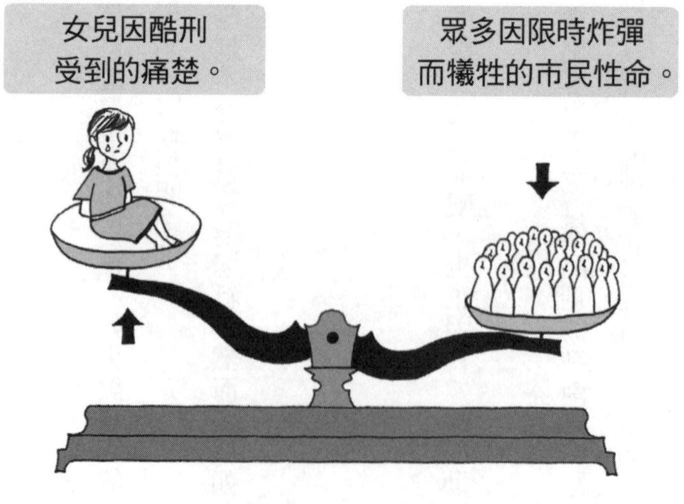
女兒因酷刑
受到的痛楚。
眾多因限時炸彈
而犧牲的市民性命。

雖然因限時炸彈而犧牲的性命看起來比較寶貴……

會有什麼想法呢？

大家會覺得「幸好無辜的女兒沒有遭到酷刑」，或者是「橋本的判斷是正確的，酷刑本身就是罪惡的」嗎？

比起這樣的聲音，一定是「市民的性命該怎麼辦」，或是「警察到底在做什麼」的危機感更勝一籌吧。然而，這些不需背負責任的外人並非是在主張「快對女兒嚴刑拷打」，而是在表示「快想辦法保護市民的性命吧」，所以這也不代表大多數的人都站在贊成酷刑這一邊。

假如在這樣的狀況下，橋本依舊沒有選擇行使酷刑的話，這會是他良心使然的緣故嗎？比起從來沒見過面的一千人，更想保護眼前的這位女兒可能才是人之常情。可是，既然現在裝設了會實際牽連眾多市民的炸彈，就更該冷靜地依照邏輯來判斷才對。說不定橋本只是想遵從欲望，維持正道之人的形象，不想讓自己成為「大眾眼中的惡人」；又或許是他把眼前的困難判斷交給名為法律的方便工具後，便讓他以「有法律規定的話就沒辦法了」的理由說服自己。

●那行使酷刑是正確的嗎？

不過，為何酷刑會被視為「罪惡」呢？要是明文規定「僅限在萬不得已的狀況下行使」，想必橋本也會認為「現在就是需要酷刑的狀況」吧。

為什麼酷刑會遭到禁止呢？畢竟今昔的犯罪類型已經有了轉變，原本就很少遇到需要行使酷刑的場面，也不太會發生可能造成大量犧牲者的案件都是其中的理由之一。但是關於酷刑，其實還有個更加根本的禁止原因。

●禁止行使酷刑的原因

現在全球不少國家都禁止行使酷刑，聯合國的《禁止酷刑公約》（禁止酷刑及其他殘忍不人道或有辱人格之待遇或處罰公約）禁止像是酷刑等使他人遭受痛苦的行為，於一九八七年生效，日本在一九九九年簽署加入。

其中最大的原因之一，就在於原本以為酷刑能有效取得正確情報的看法出現了破綻。

遭受酷刑者在飽受折磨之下，可能會捏造出利於行使酷刑者採用的情報。例如過去就曾發生過單獨犯案者被逼著招出共犯，為了脫離痛苦的犯人便隨意說了個名字，造成同名同姓的無辜民眾慘遭酷刑的案例。從這樣的事件來看，可以得知酷刑在獲取有效情報的手段中並不是優秀的方法。

即使對故事中的女兒行使酷刑，也無法否定護女心切的男子會招供假地點的可能性。如果把時間平白浪費在假情報上，結果導致限時炸彈爆炸的話，就會讓拷問無辜女兒的行為變成只是在傷害她而已。這樣別說是一無所獲了，甚至還把力氣白費在搜索錯誤的假地點，連自行找出炸彈所在地的可能性也失去，可說是賠了夫人又折兵。

要是真的如此發展，就變成對犯人行使酷刑＋對犯人女兒行使酷刑＋犧牲眾多市民，形成最嚴重的痛苦後果。

如果你是橋本的話，你會下令對男子的女兒行使酷刑嗎？

【思考實驗No.24】

無意義的勞動

近藤轉職到現在這份工作已經三個月了。

剛開始的第一個月，他負責了從A地點搬運大量石頭到B地點的作業。到了下一個月，他把大量石頭從B地點搬到了C地點，再下一個月則是從C地點再搬回A地點。不過近藤已經不太記得一開始的A地點，所以從C地點搬石頭到A地點的時候，他好像以為自己是搬到了另一個類似A地點的場所。

近藤並不曉得這項作業到底有什麼目的，因為不過問理由就是錄取條件，他對薪資和休假也沒有感到不滿，所以才會來到這間公司上班。

其實近藤進行的作業完全沒有任何意義。石頭沒有特別的用途，也沒有四處移動的必要，無論是一直放在A地點，還是移動到他處，也不會有什麼問題。

看來，近藤對於目前的工作沒有任何怨言的樣子，而且為了養家，大家也都知道近藤沒有辭職的打算。

那請問我們該把這個真相告訴近藤嗎？

思考提示

A目前在公司上班，他任職的公司在社會上肯定肩負了什麼重任，而A就是為了這個重任在工作。關於這件事情，想必A也全部都知道。

身為學生的B，他到學校上課是為了學習，就算心裡覺得茫然，B還是覺得在學生時期獲得的知識能在未來派上用場。

主婦C每天致力於家事，是因為她知道做家事可以扶持一家人的生活。

像是家事或義工活動，即使沒有獲取等價報酬的目的，人們依然願意付出勞動，這是因為大家在其中找到了工作的意義。

如果自己就像故事中的近藤一樣，都在進行著毫無意義的行為，人們又會覺得如何呢？

●「無意義的勞動」就是一種刑罰

主宰社會主義思想組織的彼特拉舍夫斯基（Mikhail Petrashevsky）與其組織成員在一八四九年遭到警方逮捕，被判處槍決之刑。不過就在執行死刑之前，一行人受到特赦，最後被移送到了西伯利亞。在這二十一名組織成員當中，還包含了撰寫《死屋手記》（The House of the Dead）的杜斯妥也夫斯基（Fyodor Dostoyevsky）。

其實這本《死屋手記》，就是杜斯妥也夫斯基四年來在西伯利亞強制勞動的紀錄，他還在著作中這麼說：

「最殘酷的刑罰，就是被迫執行絕對無益且無意義的勞動。」

假設強制勞動的工作是建造建築物，人們可以一天天看著建築物逐漸完成，同時也知道自己到底在做什麼工作，能夠一步一腳印地朝既定的目標進行作業。即便是辛苦的強制勞動，仍然能在其中感受到心靈的依靠，讓人有辦法邁步前進。過去在西伯利亞進行強制勞動的日本兵就建造出了納沃伊劇場（Navoiy Theater），並以高超的完成度享譽全球。

杜斯妥也夫斯基說的「絕對無益且無意義的勞動」到底是什麼呢？

比方說，要是不斷被迫重覆著早上挖洞，下午再把那個洞埋起來的作業，一般人的精神狀況都會陷入異常吧。據說在多達一百二十萬、還是一百五十萬人喪生的德國納粹時期的奧斯威辛集中營，也是一天有十小時以上的時間在重複相同作業。

人們會在現在做的事情中找到「意義」，所以才能全力以赴。假如我們依照指示，在沒人看得到的沙灘上不停寫著同樣的字句，再任憑那些文字隨著漲潮被沖刷乾淨時，你大概會滿心疑惑地想：「我在這裡到底有什麼意義？」就算可以得到令人滿意的日薪，想必大家不到一個月就會想要逃離這裡了吧。

薛西弗斯的巨石

希臘神話中的薛西弗斯（Sisyphus）犯下欺神之罪，受到了宙斯的懲罰，而懲罰的內容就是必須把巨大的岩石搬運到山頂上。薛西弗斯依照指示把巨石搬到了山上，只是一抵達山頂的時候，巨石卻從山上滾落了下來。以巨石的重量來看，它沒辦法一動也不動地置於山頂，所以薛西弗斯的苦行將會永不停歇。透過這樣的故事，大家就會用這篇神話來說明「徒勞（無謂的苦勞）」的意思。

為什麼宙斯要命令薛西弗斯做徒勞的工作呢？祂大概是覺得沒有生產性又毫無成就感、什麼意義也沒有的精神痛苦最讓人苦不堪言了吧。這篇神話的作者可能是想要表達欺騙神明是多麼深重的罪行，這也代表了「毫無意義的勞動」對人們來說是多麼嚴酷的痛苦呀！

● 賽之河原

在日本也有關於徒勞的民間故事。賽之河原是比父母早一步離世，無法越過三途川*的孩子們前往的場所。讓白髮人送黑髮人的不孝子女，就會在這裡堆疊石頭塔來贖罪。然而，當大家快要完堆完石塔的時候，鬼就會跑來破壞堆到一半的石頭，讓這個作業永無止境。

在這篇故事中，同樣也描繪了用無限循環的徒勞作為不孝的懲罰，光是想像這個情景，就足以讓我們了解「無意義的勞動」會帶來多麼巨大的傷害，也因此才有這樣的故事吧。

本次案例中最大的關鍵，就是近藤本人並不曉得那是無意義的勞動。要是近藤不小心知道「自己正在做著無意義的勞動」，這個真相便會為他帶來痛苦，同時也會讓近藤失去過去以來讓自己感到滿足的工作環境。

如果站在近藤的立場，你會希望有人告訴你一切都是「無意義的勞動」嗎？從這個觀點來思考後，應該就能發現你對自己的工作以及工作價值的思考方式。

*譯註：介於陰陽兩界之間的河川。

【思考實驗No.25】

布里丹毛驢

現在路上有一頭毛驢，在牠的前方有兩條岔路，岔路上分別放置了相同分量的乾草。毛驢與乾草之間的距離都是一樣，兩邊的乾草在牠眼中看起來毫無分別。

毛驢覺得肚子餓了，打算要走過去吃乾草，但牠卻不曉得該吃哪邊的乾草比較好，畢竟兩邊的乾草完全一模一樣。要是其中有一點不同，當然就會選擇條件比較好的那一邊，但因為現在兩邊沒有任何差異，才會讓毛驢感到猶豫不決。

結果到了最後，由於毛驢沒辦法決定該吃哪一邊才好，牠就在原地活活餓死了。

為什麼毛驢最後會餓死呢？

因為這是一項思考實驗，並沒有在追求毛驢不可能餓死或是把兩邊乾草都吃掉的現實答案。請大家想一想故事中的毛驢最後會餓死的原因。

思考提示

這項思考實驗是法國哲學家讓・布里丹（Jean Buridan）用來談論自我主張的思考實驗。如果老是被理論束縛，會讓你做不了任何決定。換言之，這個理論就是在闡述自由意志的必要性。

那現在假設你要去蛋糕店買一塊蛋糕好了，以手邊的錢來看，你買不起兩塊蛋糕。假設巧克力蛋糕和草莓蛋糕都十分吸引人，請問你會如何做抉擇呢？就算你想先比較外觀、想像中的滋味、價格、分量等條件之後再隨便買下其中一塊，可是會讓人猶豫不決的兩塊蛋糕偏偏就是一樣迷人。在這個時候，我們首先可以想到下列三個選項。

A：選擇草莓蛋糕。

B：選擇巧克力蛋糕。

C：兩個都不選。

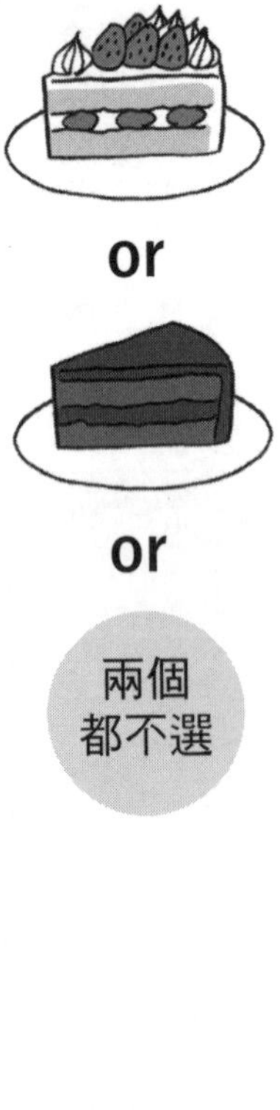

A和B之間沒有任何差別，讓人完全選不出來。其中可以使用刪去法來做選擇的只剩下C「兩個都不選」。這就是讓布里丹毛驢餓死的選項。套用在現在的情況上，結果就是兩手空空走出店外。

那要是沒有走出店外的選項該怎麼辦呢？現在以非買下一塊蛋糕不可作為前提來想想看。

A：選擇草莓蛋糕。
B：選擇巧克力蛋糕。

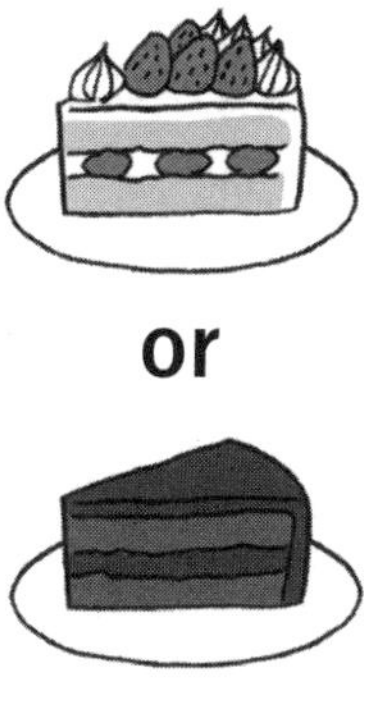

兩塊蛋糕擁有一模一樣的魅力，就算想要選也選不出來。可是你現在無論如何就是需要一塊蛋糕，非得買下其中一塊蛋糕才行。請問若是你的話，又會怎麼做呢？

既然兩者一樣迷人，那就絕對選不出個所以然，只能一直在店裡站到關門，落得被店員告知已經打烊的結果……我們可不能讓結局變成這樣啊。如果是布里丹毛驢的話，牠的確會一直站到打烊吧。

不過，就算是完全一樣有魅力的蛋糕，我們仍然有辦法選出其中一方。因為我們知道許多如何在兩種同樣迷人的物品中做抉擇的方法。

【在同樣迷人的兩樣物品中做抉擇的方法】

・擲骰子來決定，擲出奇數就選草莓蛋糕，擲出偶數就選巧克力蛋糕。
・用抽籤決定。
・詢問店員哪個比較受歡迎，然後選擇人氣較高的蛋糕。
・請店員幫忙做決定。
・觀察其他客人，選擇先被賣掉的那一種。
・從外觀、想像中的滋味、價格、分量的條件中挑出自己最重視的部分，並僅以此作為選擇基準。
・觀察蛋糕展示櫃，選擇數量愈來愈少的那種。

假如現在的條件只有「需要買一塊蛋糕」的話，我們似乎也可以把「故意選擇第三吸引人的起司蛋糕」，或是「購買人氣第一名的蛋糕」作為抉擇的方法之一。

像這樣在面對具有相同價值，相同魅力的事物時，我們也還是有辦法選出一方。

●為什麼毛驢無法抉擇呢？

毛驢在完全相同的距離下發現了品質完全一樣、分量也完全一樣的兩處乾草，最後卻無法選出任何一邊而活活餓死。因為根據讓．布里丹的論點，故事中的毛驢與人類不同，在遇到無法依照邏輯來判斷的情況下，毛驢也沒有自行抉擇的能力。

話說在面對抉擇的時候，為什麼會容易像這樣陷入迷惘呢？我們現在就用人生的重要場景來試想一下。

假設你在求職的時候，眼前有已經發出錄取通知的第二志願A公司，以及錄取機率是30％的第一志願B公司。對於A公司的通知，你必須在一星期內做出回覆。在這個時候，一定很多人都會煩惱該不該去A公司上班吧。

此時放在天秤上衡量的條件，就是『A公司的魅力＋已經確定獲得錄取』與『B公司的魅力＋30％的錄取機率』。結果一秤之後發現兩端恰好平衡，讓人宛如布里丹毛驢一樣進退兩難。

平時降臨在我們身邊的選擇題總是伴隨著複雜的元素，經常會變成很困難的問題。這個案例最讓人害怕的部分，就是「拒絕A公司的錄取通知，又在B公司的就業考試落馬」。從另一方面來看，最後變成「決定進入A公司，後悔自己沒有挑戰B公司」的可能性也很高。

我們可以想見無論選擇哪一邊，最後都很有可能會留下遺憾，在心裡感到莫大痛苦的時候，人應該要怎麼做才好呢？

假如在這個時候，突然冒出了你以前有點感興趣的留學話題，應該也有人會忍不住選擇留學的選項吧。

在試想完比蛋糕更加沉重、關於人生分岔路的重要抉擇後，不曉得大家有沒有找到選不出答案的原因了呢？

在布里丹毛驢的例子中，毛驢也陷入吃了右邊的乾草就吃不到左邊，吃了左邊的乾草就吃不到右邊的狀況，毛驢無法承受兩難的痛苦，便走上放棄抉擇的輕鬆之道。

像是去超市的時候，大家都曾有過「要買A還是B呢……唔嗯……算了，下次再買吧」，最後又把東西放回架上的經驗吧。什麼都不買比做決定更加輕鬆，所以我們才會放棄抉擇。「什麼都不選」是個可以節省大腦能量，非常容易選擇的輕鬆決定，所以才讓我們常常忍不住就逃進這個選項裡。

雖然毛驢的故事結束在餓死的極端結局裡，但是這個例子也代表了就算逃避抉擇，最後依然會伴隨著凌駕其上的痛苦吧。

像求職的例子也是在當下選了輕鬆的決定，用留學的選項把求職生活暫時擱置在一旁。人是很擅長尋找藉口並會對此深信不疑的生物，例如「留學在我的人生中是必經之路」，或是「這就是命運，是神明給我的機會啊」，還有「只要在留學中提升自我的價值，我以後一定能進入理想的公司」等等，大家不但相信留學是個正確的選擇，甚至還有辦法讓這個決定實際發揮作用。

只不過逃離決斷的罪惡感，還是有可能讓你沮喪好一陣子。

我們有時候也會如同故事中的毛驢，招來嚴重到無法為逃避找藉口的惡果。其實只要平時養成不放棄任何微小決斷的習慣，就有益於大腦的運轉。像這種「深思熟慮後再下決定」的思考訓練，想必也能協助我們做出能夠發揮創意的決斷吧。

【思考實驗No.26】

凱因斯的選美理論

阿守來到了一場「參加選美投票拿獎金」的活動會場。

「說到了獎金，一般都是拿到選美冠軍的人，也就是接受投票的人才有吧？沒想到這裡竟然是讓參加投票的人拿獎金，到底是什麼怪規則啊？活動好像差不多要開始了。」

主持人單手拿著麥克風開始向大家說明：

「感謝各位蒞臨本活動。這邊有一百位女性的照片，要請各位選出其中你覺得最漂亮的六人。大家選好之後就在手邊的紙上填入號碼，再放進投票箱裡。

我們將會送獎金給投票投得最平均，也就是『把票都投給高票美女』的人！」

阿守花了一點時間理解這個規則。

「所以這場大賽並不是要把票投給自己覺得最漂亮的人吧……?我是比較想投給自己支持的美女啦，但是這樣一來，我的意見很有可能會和其他人不一樣。投票投得最平均的意思，是指都把票給大家最有可能選擇的那幾個人，也就是必須只投給受歡迎的人才行。」

請問阿守為了得到獎金，他會把票投給什麼樣的人呢？

思考提示

阿守已經明白了就算依個人喜好來投票，也很難有機會獲得獎金。

比方來說，既然阿守覺得「A是容易受大眾青睞的美女，B的美貌則是見仁見智。C在自己眼中雖然是個美女，但好像不太對大眾口味」的話，比起自己偏好的C以及不見得人人喜愛的B，阿守應該要把票投給A才對。

這樣投起票來才會比較平均，也是與大家最相近的投票方式。

於是阿守便判斷自己必須把票投給「在大家眼中是美女的人」，而不是投給他覺得漂亮的人。請問這個想法正確嗎？

這項思考實驗的故事是出自於一位名叫約翰．梅納德．凱因斯（John Maynard Keynes）的經濟學家。我們在做股市投資時必須先從心理層面來思考，要懂得早一步買下大家都覺得會賺錢的股票。凱因斯就是用「股市投資如同選美」的說法來比喻這個概念。但其實凱因斯自己採取了低價買進划算股票並長期持有的策略，所以他本人可能也無法證明股市投資是不是真的就像選美投票吧。

現在把話題轉回選美投票會場的阿守身上吧。

阿守開始尋找「在大家眼中是美女的人」，以這個角度選好了他要投的六個人，比起投給「阿守覺得很漂亮的人」，這個做法應該就能提高獲得獎金的機率。

然而，阿守卻忘了一個必須注意的視角，請問到底是什麼呢？

那就是阿守認為自己必須投給「在大家眼中是美女的人」，而現場所有人也都和他想的一樣。

換句話說，阿守不是要投給「在大家眼中是美女的人」，而是「眾人思考完『誰在大家眼中是美女』之後最有可能選的人」，要預測出這個結果可說是相當困難啊。

人類這種懂得考量他人心情的能力，就會像這樣頻繁地把問題弄得更複雜。雖然凱因斯的選美投票是用來比喻股市投資的思考實驗，但是這場本來只是「投票給心儀美女」的人氣投票大賽，卻也成為讓人明白預測他人想法有多困難的思考實驗，使我們能進行深度思考。

和這場人氣投票相近的活動應該就是選舉了吧。假設在你可以參與投票的選舉中，總共有下列三名候選人。

・當選機率最高，可是你不希望他當選的A。

・是A的強勁對手，也十分有機會當選，但你並沒有特別支持的B。

・你雖然很支持，但是不可能當選的C。

如果你在此時決定不投給

凱因斯的選美投票

不是依照個人喜好來選擇，而是選出「應該很受大家歡迎的人」。

自己支持的C，而是選擇投票給B的話，一定是因為你在心裡想：「我雖然想投給C，但還是把票投給大家支持的B好了。」事實上一定也有很多人都是這麼想，所以我們可以預測C的票數會比實際的支持者人數還低。沒想到當我們考慮他人的心情之後再行動，竟然會造成與實際情況出入很大的有趣結果。

我們在日常生活或商務生意上，有時候也必須研究像是「需要『在穿著上獲得眾人好

該投票給誰呢？

誰是
大家眼中的
美女呢……？
誰是
大家眼中的
美女呢……？
誰是
大家眼中的
美女呢……？

不是選出「在大家眼中是美女的人」，
而是「眾人思考完『誰在大家眼中是美女』之後，最有可能選擇的人」。

感』的人」喜歡什麼衣服，會遇到這種必須想像「顧慮他人心情的他人」有什麼想法的場面。例如「注重時尚的人會買來當伴手禮的商品」，或是「適合讓業務推銷的商品」等等，須要這樣絞盡腦汁地去理解他人的內心。這些思考的方式好像也能稱為近在身邊的思考實驗了吧。

第 4 章

對現實常識存疑的思考實驗

【思考實驗No.27】

缸中之腦

在某間研究室裡擺放了好幾個水缸，水缸中漂浮著大腦，大腦上還插滿許多電極，與電腦相連在一起。

「還順利嗎？」

「嗯，好像沒問題的樣子。大腦完全深信那一切就是自己的世界。他絕對想不到自己的大腦竟然漂浮在水缸裡吧。」

現在A的大腦漂浮在水缸裡面。A正在想著：「啊啊，今天的風好舒服喔，天氣又很暖和，散步起來真舒暢。對了，明天是星期天，我就去公園寫生一下好了。」A活在自己的世界裡，完全沒想到自己的大腦其實漂浮在水缸中，眼前看到的只是來自電腦的

「虛擬現實」。

他們的「人生」完全受電腦控制，由科學家們負責管理。那些「人生」有困難也有喜悅，有時候要面臨巨大的挑戰，或是去達成自我的目標，也會遇到左右「人生」的決斷。

沒錯，這就是我們的人生。說不定我們現在過的，其實都是科學家一手掌控的「人生」。有什麼證據可以證明我們的大腦不在水缸裡面嗎？

該不會我們的大腦現在真的是在水缸裡？

思考提示

這個世界是個虛擬現實（Virtual Reality）嗎？這個看法也存在於知名哲學家笛卡兒（Rene Descartes）與康德（Immanuel Kant）的觀點中。一九八二年，將這個想法統整為「缸中之腦」的人物，就是美國哲學家希拉蕊．普特南（Hilary Putnam）。

假設我們的大腦存在於水缸中，所有的視野和感觸都是由科學家來管理，我們也沒有辦法發現這個真相。就算真的發現了，說不定這只是管理者想要「故意讓我們察覺」，難以讓人確認是否為虛擬現實。

水缸中的大腦就活在「經過策畫的世界」裡。缸中之腦的所見所聞全都是科學家打造的世界，除了缸中之腦本人之外的人物，全都是宛如幻影的電腦影像，根本不是實際存在。而且不光是人，像是物體、空氣、風，還有太陽也是，這些全都是電腦創造出來給你看的，這一切只是經由電流的刺激，讓缸中之腦產生錯覺而已。

或許這才是事實的真相也說不定。你的家人和職場、你的外表，還有發生在遙遠異國的經歷，這一切可能都是虛擬現實。

你可以用自己的手觸碰自己的鼻子，此時你的手和鼻子會產生皮膚感覺，並透過視覺和觸覺了解觸摸的行為。另外用嗅覺也能聞到手的氣味，動手拍打的時候也會讓聽覺有所反應。我們不但會像這樣透過各種感覺確認自我的存在，也能實際體會到自己與世界同在。

假如一切都是故意秀給大腦看的虛擬現實呢？

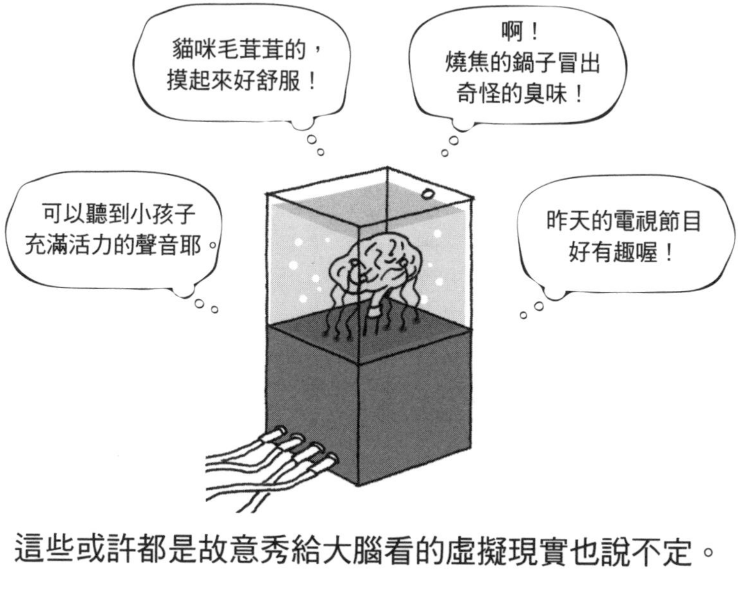

這些或許都是故意秀給大腦看的虛擬現實也說不定。

不過，這些也是和缸中之腦連結在一起的電腦在搞鬼，因為完全受到電腦控制，才會讓你自以為有所感覺，但其實你只是漂浮在水缸中的大腦罷了。

我們沒有任何手段可以知道這到底是真還是假。所以在面對「現在我們的大腦是在水缸裡面嗎」的問題時，也只能回答「我不知道」了吧。

那如果你現在必須在下列兩個選項中做選擇，請問你會選哪一邊呢？

A：進入水缸中，把一切交給機器掌控，就這樣繼續看著幸福的虛擬現實。

B：擁有活生生的軀體，度過要稱為平凡又太顯寒酸，總之適合用無趣來形容的人生。

應該很多人都會回答「這兩個選項當然要選B」吧。不過，說不定你現在活著的世界也是缸中之腦的景象，而且你沒有辦法發覺到這個真相。既然如此，為什麼你要選B呢？

人喜歡維持現狀，會想要靠一己之力來生活，渴望憑自己的意志來決定人生。而我們累積至今的人際關係就是無可取代的重要財產，失去與家人或他人之間的人際關係時，便會讓人感受到難以忍受的痛苦。

人身為生活在社會中的動物，如果失去與他人的交集便會讓精神狀況產生異常。就如同有人覺得人的自我並非僅止於皮膚，與外界接觸也是認識自己的觀點一樣，由此可知與他人交流有多麼重要。在這其中，當你考慮進入只有自己會感到幸福的虛擬現實時，像是思考活下去的意義、毫無生產力的空虛感、逃離現實的罪惡感等各式各樣的情緒，就會讓你開始厭惡任由虛擬現實擺布自己的事實。

這次假設你的大腦位於水缸中，實際上是由科學家在管理你的人生好了，此時要是你隱約察覺到真相的話又會有什麼想法呢？

這時候你身處的世界，恐怕只是水缸中的大腦所看到的虛擬現實，這是受到科學家控制的世界。你的未來全由科學家來左右，即使你覺得自己活得很自由，那也不過只是透過程式產生的感受。無論嗜好還是心目中的自己，都可以猜想是程式資料計算出來的結果。這麼一想，你心中的無力感和失落感又會更加龐大了吧。

那如果現在與剛才的選項相反，你的眼前有個「清醒按鈕」的話呢？你知道只要按下這個按鈕，就能讓自己從現在的虛擬現實跳脫到真正的世界。不過，你也明白這樣會再也沒辦法回到現在的虛擬世界。

A：保持待在水缸裡的狀態，繼續看著虛擬現實。

B：憑著自我意志清醒過來，脫離虛擬現實的世界。

只要一清醒，就不會只有大

我們應該從虛擬現實中醒來嗎？

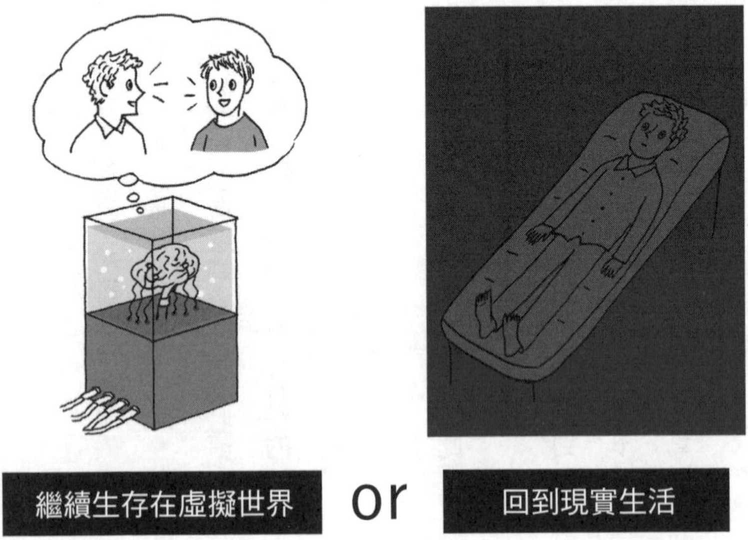

腦在活動，你會作為一個人存在於世上。請問你會想要選擇清醒嗎？我想大家應該很難立刻回答「我想要醒過來」。就算你對現在的生活感到相當不滿，清醒後的狀況不但是個未知數，你也會失去現在的人際關係，伴隨著巨大的風險。儘管自己的家人、朋友、工作，還有住處都是虛擬的，這些原本在自己眼中屬於現實的一切將會永遠被抹滅。

●電影《駭客任務》的世界

有一部知名電影就是在敘述缸中之腦從虛擬中清醒的故事。

一九九九年上映的美國電影《駭客任務》描述了人類在戰爭中輸給機器，人們被關入水缸之中，被當作機器運轉的動力來源。人們就在水缸中看著由機器打造的名為「母體」（Matrix）的虛擬世界。

創造虛擬現實的電腦程式必然會有漏洞，脫離虛擬世界的人們便聚集到名為「錫安」的城市生活。然而，其實錫安也是由機器策畫的城市，一切發展都照著機器的計畫在進行。在電影《駭客任務》中，為了讓作為動力來源的人類保持穩定的精神狀態，人們的虛擬現實都是充滿幸福的世界。所以，在劇情裡，也是有人想從真實世界回到虛擬現實的世界。

在這個故事中，清醒後的人必須面臨巨大的苦難，親眼見證悲慘的場面，可能還會聽到有人說出「早知道會變成這樣，我就不要清醒過來了」的話。若要思考「和機器打造的虛擬現實相比，哪一邊會讓人感到幸福」，想必一定是待在虛擬現實的瞬間比較幸福吧。

因為水缸之外的世界，就是如此考驗人類的嚴峻現實。即便如此，當人類在抗爭後成功擺脫機器的束縛時，這依然是稱為勝利的美滿結局。

縱使虛擬現實會讓人覺得比較幸福，但那終究是「謊言」與「支配」的世界。就像《駭客任務》的主角就是因為「察覺到異樣感」，才會挺身追尋真相一樣，人的精神狀態難以承受「謊言」與「支配」。就算會面臨艱辛的現實，人更重視「真實」或「解放」，追求「活著」勝於「被活著」，「自己決定」勝於「被決定」。

雖然不像母體的虛擬世界那樣明顯，其實現在的社會也蔓延著謊言與支配。電影

《駭客任務》想在這個環境下傳達給觀眾的訊息，就是希望大家仔細觀察眼前的資訊，做出正確的選擇，並活在確切的真實世界裡吧。

在作者的想像力和發想力下，光用「缸中之腦」的思考實驗就創造出了這麼精采的故事。透過各種因人而異的思考，我們每天獲得的知識也能有不同的運用方式。就像電影《駭客任務》的製作者運用「缸中之腦」作為題材一樣，希望大家可以在日常生活中培養懂得掌握實用資訊的觀點。

【思考實驗No.28】

世界在五分鐘前誕生假說

玲子在咖啡店裡品嘗咖啡拿鐵的時候，有個老婆婆坐到她的旁邊，開始對她說出下面這段話。

「妳和我現在住的這個世界啊，是神明在五分鐘前創造的世界喔，所以這一切在五分鐘前都不存在。好了，請問妳有辦法否定我的說法嗎？」

突如其來的問題雖然讓玲子一時不曉得該如何反應，但是被勾起興趣的她想著反正現在也有時間，就決定和老婆婆聊一聊。

「我現在二十九歲啊。因為我已經活了二十九年。」

「妳說的這個啊，是因為神明在五分鐘前創造出活了二十九年的女子啊。」

「呃……這家店是去年開幕的。」

「神明在五分鐘前創造的時候，就把這裡設計為去年開幕的店。」

玲子苦惱了一會兒後說道。

「樹木都會有年輪嘛，那就可以證明樹木每年都隨著歲月在成長吧？」

「原本就是創造成那樣的狀態啊。在五分鐘前的時候。」

「那去年去世的人呢？如果神明是在五分鐘前創造出這個世界，祂有必要特地創造出亡者的紀錄嗎？」

「就是創造出來了啊。這樣會比較自然嘛。」

「咦……嗯……原來如此。既然是這樣的話，假設現在有新聞報導說發現了四萬年前的化石，就表示神明特地在五分鐘前創造出了這樣的場景。但那明明只是五分鐘前出現的東西，並不是四萬年前的化石。這樣神明耍的花招會不會也太多了？要是祂還特地設計出昨天意外身亡的人，大家一定會批評祂很過分吧。神明應該不會做出這種事吧？」

「神明的心不是我們可以捉摸的。」

玲子終於察覺到了，她發現要證明這個問題是不可能的事。

「這是絕對沒辦法證明的問題吧。」

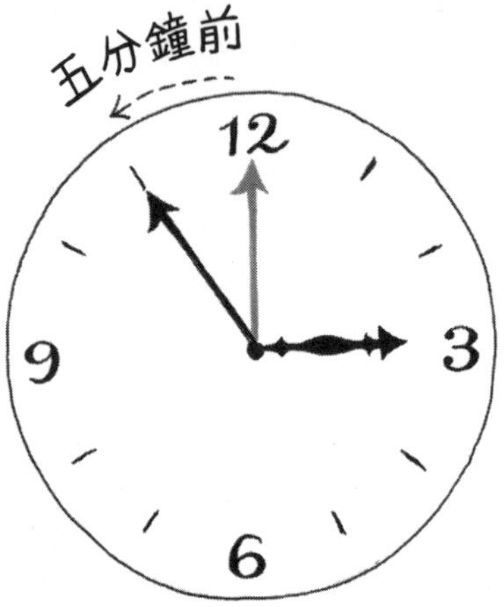

這個世界是在五分鐘前
創造出來的嗎……？

思考提示

關於這個「世界可能是五分鐘前才誕生」的思考實驗，是由英國哲學家兼數學家的伯特蘭・羅素（Bertrand Russell）所提出的。

故事中的玲子是二十九歲，的確到處都能看到她走過二十九年人生的痕跡。她和學生時代的好友會大聊當年的往事，在二十二歲時進入的公司也累積了七、八年的實務經驗。對玲子本人來說，她的確擁有五分鐘之前活過的記憶。

然而，「世界在五分鐘前誕生假說」只用一句話就解釋了這些事實、記憶以及歷史的一切。那就是「在五分鐘前直接創造出這個狀態的世界」。

玲子的記憶是經由物質打造，就表示這是在大腦海馬體還有周遭的記憶儲藏庫虛構出二十九年分的記憶，並製作了符合那些記憶的二十九歲身體。如果十分鐘前泡好的咖啡已經冷了，就表示這是在五分鐘前創造出咖啡在十分鐘後應該會呈現的狀態。

像是在構思出遊戲或動畫的時候，那些世界都是由作者憑空打造而成，故事中的角色不但不會說「原來我們是作者創造出來的啊」，劇情裡也不會讓角色想到這方面的事。角色理所當然地存在於故事的世界裡，彷彿打從一開始就有這個世界一樣，逐漸建立起遊戲和動畫的世界觀。

大家應該都曾經幻想過自己是遊戲或動畫的登場人物吧。幻想中的自己走入了故事的世界觀，不可能會說什麼「我是來自現實世界啊」的話。你一定會依照遊戲或動畫的設定去行動和思考，並擁有符合劇情的情感。

我們身處於現實中，會動手去創造故事的世界，所以大家都知道遊戲和動畫的世界並不是現實。不過，假設你真的是故事裡的人物，你根本也不會想到這一切都是現實世界的人虛構而成的吧。就算去懷疑「這個世界說不定是創造出來的」，你也沒有方法可以證明。這就宛如是「世界在五分鐘前誕生假說」，我們無法證明作者創造出世界的事實。

提出這項思考實驗的伯特蘭．羅素表示「即使有人說這個世界是在五分鐘前被創造出來，在邏輯上也沒有任何矛盾之處，無法讓人反駁」。在研究世界在五分鐘前誕生的假說時，無論我們怎麼辯駁，的確都會被「在五分鐘前直接創造出這個狀態」的說法堵回來。一旦變成這樣，我們就會開始覺得「不管說什麼都沒用嘛，這樣想下去也不會有結果」。

不過，要是大家在這裡停止思考的話就太可惜了。透過這項思考實驗，別說是理所當然的昨天了，就連十分鐘前的事都可以使我們產生質疑，並對此進行深度的探究，讓情緒產生波動，甚至還能發展出議題，讓人實際體會到人類的想像力有多麼有趣。質疑眼前看起來很自然的事物，說不定會就此誕生出與眾不同的全新思維。

【思考實驗No.29】

人生預定論

在春天某個晴朗的日子，阿智坐在長椅上沐浴著舒適春風的時候，發現隔壁長椅上的老人正在盯著自己看。

「今天天氣真好耶」

阿智開口向老人搭話。

「是啊，這種日子就讓人特別想要聊聊天。」

「如果你不介意，我們就來聊一下天吧。」

「真的嗎？真是謝謝你。年輕人，你叫什麼名字？」

「我叫大谷智。」

「我叫做西田，我常常來這個公園。」

阿智說他和老人住得很近，還聊了一下住家附近的店家，就在這個時候，老人開始談起了奇妙的話題。

「阿智，我問你，你覺得自己今天一定會碰到我嗎？」

「咦？這是什麼意思？」

「就是說你今天有沒有可能不會來這裡？」

聽到這天外飛來的問題，阿智瞬間感到十分困惑，不過他又立刻找到了答案。

「當然有可能啊。因為今天『剛好』天氣很好，我才會來到這座公園。我本來覺得那邊的長椅也不錯，但是『自然而然地』就坐到了這裡。會和西田先生說上話，我也覺得是在各種巧合下的偶然啊。」

老人聽著阿智的話，輕輕地點了好幾次頭，然後靜靜地望向阿智。

「真的是這樣嗎？」

「呃……西田先生對命運之類的話題有興趣嗎？」

「呵呵，命運嗎？這樣說也可以吧。阿智，你現在坐在這張長椅上對吧？」

「是啊。」

「這是因為你沒有跑去坐那邊的長椅。」

老人指了指剛才阿智提到「覺得那邊也不錯」的長椅。

「這樣說的確是沒有錯……這又怎麼了嗎……？」

「而且又因為今天有個舒適晴朗的好天氣。如果下雨的話，你就不會來這裡了吧。」

「是啊，這些我剛才都解釋過了吧。」

「你說得沒錯。我想說的就是要讓你現在坐在這裡，必須同時具備今天是晴天以及你沒有去坐另一張長椅的事實。從你現在的角度來看，這些發生過的事情都是應該要發生的。」

「唔……我有點聽不太懂耶。我是因為自己想來，現在才會來到這裡的。」

看著一頭霧水的阿智，老人依然以沉靜的口吻向他問道。

「阿智，你接下來打算要做什麼嗎？」

「這個嘛，因為我肚子有點餓了，我正在考慮是要買漢堡回去，還是找家店吃碗蕎麥麵再回家。反正我也不急，等我們慢慢聊完之後再說就好。」

「原來如此。你是以自己的意志在考慮該選漢堡還是蕎麥麵吧？」

「除了我以外，沒人有辦法選吧？」

「只要問明天的你就能知道答案吧。在明天的你眼中，現在的你看起來會是什麼模樣呢？雖然你正在考慮要選漢堡還是蕎麥麵，但是明天的你一定覺得這些都是早已定調的事實吧？」

「那是因為現在的我做下了決定啊。我今天要買漢堡回去吃。你看，這是我現在決定的。」

阿智就像是要甩開老人難以接受的說詞，立刻在他面前決定今天要吃什麼。然而，老人仍舊是靜靜地微笑著。

「或許這並不是你現在下的決定。你的未來已經鋪好了路，你就像是配合未來的自己一樣，在現在這個瞬間選擇『買漢堡回去』的決定。可能只是在依循著未來也說不定。」

「那我還是改成蕎麥麵好了？」

「無論是哪一種，這對明天的你來說都是已經定調的昨天。」

「……西田先生的話真有意思耶。可是，如果人生早已有了定調，該怎麼說呢，我覺得人生會少掉許多樂趣耶。感覺只是在欣賞自己沒看過的電影一樣。」

「你說像沒看過的電影啊，說不定人生就是那麼一回事。不過這樣也不錯吧？反正你又沒有看過，也不知道接下來會有什麼發展。」

「唔嗯……早就已經完成卻還沒看過的電影，和目前還沒有成品，所以接下來要自己動手製作的意思不一樣吧……」

接著二十分鐘後，阿智在店裡一邊吃著漢堡、一邊思考。

「遇到西田先生後讓我開始愈想愈多，最後就選了當時不在選項裡的『在店裡吃漢堡』……這也是早已定調的結果嗎……人生都是按照計畫在進行的嗎……？」

究竟人生是不是真的按照計畫在發展的呢？

思考提示

正常來說，河川只能單向流動，然而水流的目的地早已決定好，最後會川流不息地通往大海。現在一滴位於河川上游的水，就沿著安排好的路線前進，然後有一天一定會流入大海裡。

這樣一想之後，感覺上人生說不定真的多少都有按照計畫在進行。可是我們與一滴水不一樣，每個人都擁有個人意志，會透過無數的決斷來掌控人生，而且我們也相信在某個程度上，人生就是如此建立而成。

假如所有決斷都早已定調，每每苦惱的我們也會看起來十分愚蠢。現在的決斷會決定未來的說法不但容易讓人信服，正因為我們自己就是如此相信，才會天天都在煩惱每一個決斷。

如果現在告訴你所在的「這裡」，是過去的自己經年累月的結果，想必你一定會毫不猶豫地接納這個說法吧。現在所在的場所、職業、身體狀況、人際關係……還有自己其他所有的狀態，這些無庸置疑是由過去的自己建立而成。無論這是依照自己的意志抑或是迫不得已的結果，形成現在的原因就來自於過去。我們都是這麼深信不疑。

那要是有人說「原因」是來自於未來的話，你會有什麼想法呢？突然聽到這個說法，大家應該也很難想像是什麼情況吧。

簡單來說就是這麼一回事。某一天，A在搭電車的時

「現在」的原因出自於「未來」？

未來（原因）
現在（結果）
到東京站了，準備去換車囉。
糟糕！換錯車了！
沒辦法，只好在東京站換車了。

為了配合「在東京站換車」的未來，
現在的行為受到了控制。

候不小心換錯車，上了不應該搭的電車，最後A只好決定在東京站換車。

用這個例子來想像的話，就是在A換錯車的瞬間，決定了十分鐘後的未來會出現雖然心情不太好，但還是準備要換車的A。

不過，說不定實際上是先決定好十分鐘後的A會在東京站下車，A則是為了配合這個未來才會換錯車。

因為這個想法荒謬至極，大家可能會覺得這根本難以想像。但是在量子的世界（比原子和分子還微小的極小世界）中，就有機會發生超越我們想像的事情。其實現在已經有在研究回溯時間的物質之存在以及未來對現在產生影響的可能性。

●時間是什麼？未來是什麼？

我們像是理所當然般地使用過去、現在、未來等用詞，也知道時間的存在。那時間的真實身分到底是什麼？時間明明就是這麼近在身邊，卻是讓人搞不懂為什麼不會停止，為什麼不會倒轉的神祕存在。

在我們平常生活的地球上，每個人都會平等地增長年紀，讓人感受到時間是個公平的存在。每一天的時間都是以相同速度在流逝，絕對不會向後退。而我們平常所見所聞的只有「現在」而已。過去是至今已經體驗過的世界，我們無法實際回溯去觀看當時的一切。

另一方面，用望眼鏡眺望夜空就能看到遙遠的星星，我們看到的不是現在的星星，而是星星過去的模樣。假如星星離地球有一光年，我們看到的就是它一年前的模樣。所謂的一光年，就是光花費一年時間前進的距離，大概是九兆四千六百億公里。若用公里來呈現宇宙的距離，數字就會變得相當龐大，讓人無法捉摸到距離的感覺，所以這在地球上沒有用途的光年單位就會派上用場了。順便一提，光的速度快到一秒就能繞地球七圈半。

身在地球上的我們無法實際看到在地球上發生的過去，但如果是從遙遠的星星看過來，就可以看到這顆星球以前的模樣。

未來是個未知的世界。無論用盡什麼方法，我們依然不知道該如何看到未來的模樣。其實未來實際存在，只是我們看不到嗎？還是未來是隨著時間流動而建立，所以現在才看不到呢？現在的我們甚至連調查這些事的方法也沒有。

這樣想一想後，說不定過去、現在以及未來其實是同時存在，只是我們只看得到其中的現在，所以現在的自己才會以為自己的抉擇能改變未來的說法，聽起來好像也不是不無可能的事。

假如你覺得「反正想破頭也還是不懂，再怎麼去想也沒用」，最後就選擇停止思考的話，所有的創新就會到此告一段落了。創新發想的誕生，就取決於你會由此激盪出什麼想法，以及能不能讓思維變得更加寬廣。

【思考實驗No.30】

內容不明的歷史書

某天，雅也利用假日參加了清掃義工的活動，地點是位於山上的一間老舊小屋，雅也和其他五、六個義工都聚集到了這裡。

這間小屋已經有很長一段時間沒有使用，繼承屋子的男性便委託義工來幫忙打掃。委託人告訴他們：「說不定在這裡會找到歷史性的發現。」義工們便仔細地逐一檢查小屋裡的物品。

在這個時候，雅也發現了一本書。

他翻了翻，裡面寫了不曉得是什麼語言，但看起來就像是文字的內容。在這之後，雖然有眾多專家對這本書進行解讀，還是沒有任何人能夠讀懂這種文字。

「上面絕對寫了什麼文章，只是我們完全看不懂。」

這就是專家們一致認同的意見。

請問這些沒有任何人看得懂，記載在這本歷史書中的文字可以稱作「語言」嗎？

思考提示

事實上，有一本名為《伏尼契手稿》（Voynich Manuscript）的文獻就是無人能解的知名歷史書。

這本書於一九一二年被發現，並以發現者的名字命名為《伏尼契手稿》。為了解讀這本手稿，不斷有全球各地的專家和ＡＩ技術持續挑戰，但至今依然沒人解讀成功。

那請問《伏尼契手稿》的內容可以稱為是語言嗎？

在現階段上，至少我們都認為這是可以被視為「語言」的內容。因為從統計學上來看，其中並不只是在排列毫無意義的文字，可以推測是在撰寫某種內容的文章。既然不是亂七八糟的文字排列，又具有神似語言的結構，那果然就是被我們稱為「語言」的內容了吧。

基於上述的例子，這本「內容不明的歷史書」也很有可能是寫著「語言」。可是明明沒人看得懂卻又叫作「語言」，感覺上好像還是哪裡怪怪的呀。

●語言扮演的角色

我們在用語言說話的時候，一定是有什麼想傳達給他人的訊息；把腦海中的內容轉化成語言時，應該都是想在某個交流場合上使用吧。

就算是自言自語，只要是為了表達給其他人知道，或者是要整理腦袋的思緒，抑或是想讓心情平靜的時候，我們都會思考與自己或他人溝通的話語。即便是不打算給任何人閱讀的「日記」，大家也不會使用連自己都看不懂的文字，寫下意義不明的文章吧，寫日記的目的至少是為了達到如同自言自語的效果，又或者是寫給未來的自己閱讀。

在這篇故事中，雅也找到的歷史書上寫著內容不明的語言，即使是現在，大家甚至連那究竟是暗號文字，還是已經無人能懂的古老語言也都還不知道。

假如沒有人能看得懂，也未能猜得出意涵的話，這本書就沒有達到語言該具有的目的。這樣一想之後，代表這本「內容不明的歷史書」的確使用了一種我們認知中的「語言」，但是卻沒有善盡自己的職責。

如同即使我們吃不到，放在那裡的「燒肉便當」仍然是「燒肉便當」；像是儘管沒有木柴和火光也同樣叫做「暖爐」，就算壞掉不能騎也依然被稱為「腳踏車」一樣，縱使無法解讀內容，也沒有達到原本的目的，內容不明的歷史書仍然算是「語言」。

●語言的解釋

另一方面來看，我們也可以這樣來思考。

使用字典查詢「語言」或「詞語」的時候，可以找到的意思是『用來表達或接受自己的想法與感受之規則，並擁有受到社會認同的意義』。換句話說，因為語言在社會上已經有根深蒂固的「共通規則」，所以才能扮演好語言的角色。

「櫻」這一詞意指花朵中的「櫻花」，又衍生有「女性的名字」或「淡粉紅色」，這些都是眾所皆知的「共通規則」。因此在聽到「櫻花丹麥酥麵包」的時候，即使自己從來沒有實際看過或吃過，也會猜測這個麵包可能是淡淡的粉紅色，或者是散發著不曉得是天然還人工的櫻花香氣，每個人大概都能描繪出諸如此類的想像。

不過，假如有人是用「聽聞」來表達「旅行」或「吃飯」的意思，或是用「觸摸」來表達「跌倒」的話，就能想見要是沒有「共通規則」便難以與對方溝通。

我們就是在時代的洪流中巧妙地轉變詞語的意義，並作為與他人共有的「共通規則」來使用「語言」。

既然語言就像這樣是具有規則，並在社會認同的意義及守則下作為基準的工具，就代表歷史書中無人能解的文章並沒有發揮這個功用。不對，當年作者在撰寫這本歷史書的時候應該就有達到這個目的吧。不過，只要現階段沒有人看得懂，就很難分類到「語言」和「言詞」的領域中。

我們可以猜測作者當時在撰寫的時候，「內容不明的歷史書」還是「語言」，但是當沒有任何人看得懂的時候，它就沒辦法扮演好「語言」的角色。明明原本應該擁有「語言」的身分，最後卻變成稱不上「語言」的文章。

從「因為語言具有共通規則才會稱為語言」的觀點來出發，可以得知歷史書就算被列為「非語言」也是無可奈何的事。

不曉得是不是因為「非語言」的關係，內容不明的歷史書與看得懂的歷史書具有不同的價值所在。相對於看得懂的歷史書擁有「了解當時的重要資料」、「認識作者心情」的價值，內容不明的歷史書則是「充滿謎團」、「神祕」、「有挑戰性」、「讓人對內容的意義產生興趣」等等，具有另一種像是電玩遊戲的價值。

請問你覺得內容不明的歷史書可以算是「語言」嗎？

【思考實驗No.31】

無知之幕

現在有二十個人聚集在一間神祕的會議室裡。這群人在會議室的外面擁有自己的生活，在生活中具有各自不同的立場、各自不同的資產，還有各自不同的興趣。

然而，當他們一進到這間會議室，所有人都會被罩上「無知之幕」，大家會因此忘掉關於自己的所有資訊。

自己究竟是何方神聖？家裡有哪些人？身體健康嗎？是富人還是窮人？是什麼人種？現在幾歲？甚至連自己是男性還是女性都不知道。

不過，大家知道自己是人類、知道語言、也知道如何算數，除了個人資訊之外的知識都還是一如往常。知道世界上有各式各樣的職業，有富人也有窮人，有各種病痛等等，所有人依然了解這個社會。

現在這群人都聚集到這裡來了。

A是有名的資產家，在世界各地擁有十間豪宅，平常會坐私人飛機到處飛來飛去。

B想要成為一名諧星，目前一邊打工、一邊努力朝夢想邁進。不過他今年就要三十歲了，覺得自己差不多該面臨人生的分岔路。

C是家庭主婦，丈夫是公司的正式職員。本人表示自己的生活雖然平凡，但是覺得十分幸福。

D天生就體弱多病，也沒辦法上班工作，過著貧窮的生活。

E沉迷賭博，散盡資產，身上背負著債務。

F以政治家的身分，正在全力以赴地改變社會。

那麼在「無知之幕」的力量下，現在他們把自己的這一切都忘光了。然後在這間會議室裡，大家要開始針對自己提出的社會政策進行討論，他們必須在這裡討論出對於未來社會的期許。

大家會談論什麼事呢？他們追求了什麼樣的社會呢？

罩上無知之幕的人會變成什麼樣子呢？

性別、年齡、資產狀況、職業都各不相同的人

罩上無知之幕

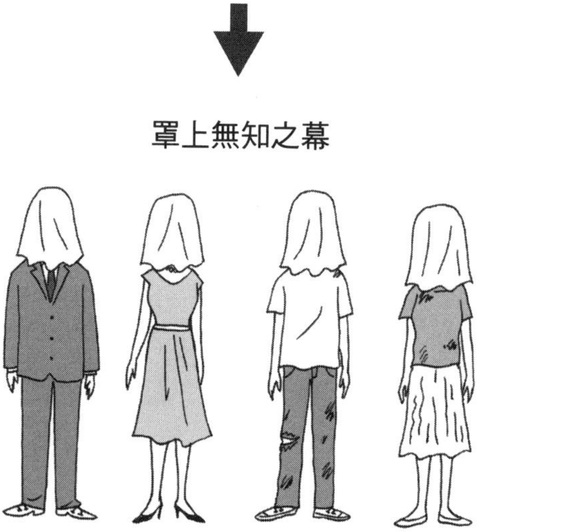

大家會討論出什麼樣的結果呢？

思考提示

當每個人都分別擁有各自的立場時

如果A還保有記憶，他八成會對打壓富人的政策感到面有難色；要是B有記憶的話，他大概會想提升打工族的地位吧；若C還擁有記憶，她說不定會針對主婦的權利侃侃而談；如果是E的話，他或許會提出某個盡量能減輕負債的方案；然後換成F時，他應該會打出自己曾以政治家身分發表過的政策吧。

想必每個人會依照不同的個人立場，分別提出截然不同的主張。

「無知之幕」會讓人產生什麼樣的思考呢？

當你在會議室裡被罩上「無知之幕」時，你會提出什麼樣的主張呢？

你一定不會考慮為特定職業、性別或年齡族群提供好處的政策吧。

因為你自己或是自己特別重視的那個人，不一定是屬於能獲得特別待遇的族群。就算有人覺得「這不是為了自己，而是為整個社會著想」，大家通常也不會主動去優待具有特定立場的人，因為我們找不出優待這些人的理由。

被罩上「無知之幕」之後，大家就會開始追求「整個社會的幸福」吧。聚在這裡的人並不是突然喚醒了「博愛精神」，才會變得優先考慮整個社會的幸福，而是希望自己，還有對自己而言特別重要的人在任何立場上都能獲得幸福。換句話說，大家都是為了自己而期許「整個社會的幸福」。這麼一來，無論自己處在什麼樣的立場，都有辦法過著最低標準的幸福生活。

透過這樣的思考，在這間會議室裡提出的政策內容，就會努力為整個社會謀取最大的幸福。假設其中有人表示想要犧牲部分群族的時候，也只會被大家反駁「說不定你就在那個族群裡」。

●該保護強者？還是守護弱者？

這項思考實驗是由美國哲學家約翰・羅爾斯（John Rawls）所提倡的。羅爾斯主張當我們罩上「無知之幕」時，就可以完全抹滅那些像是嫉妒他人、優越感以及競爭心等情緒。因為不曉得自己身處在什麼樣的狀況，我們便不會對他人產生任何情感。

在這個狀態下，人就可以做出合理的判斷，並會想辦法避免最壞的局勢。

看看現在的社會，有人會說：「有錢人都在搞政治，政府也更偏袒有錢人。」也有人覺得「弱勢者是無法參與政治的」。但只要有了無知之幕，所有人都可以平起平坐地互相議論，在這個時候，人們會比較重視「讓強者更強」，還是「共同幫助弱者」呢？

羅爾斯表示在罩著無知之幕的會議室中，政策就會改為由強者守護弱者的形式。

比起「如果自己是強者，我會想要建立更穩固的地位，所以我希望優待強者」的想法，一般人通常會比較傾向「如果自己是弱者，要是沒人來保護我的話就慘了，所以我希望優待弱者」。在會議室罩上無知之幕的眾人會整理出更加關懷弱者，要求強者讓步的政策吧。

假如這才是大眾原本盼望的社會，就表示現今的社會與這樣的期許相差了十萬八千里。

要是政府在選舉投票前，規定大家必須事先罩上「無知之幕」，並依這樣的投票結果來實施社會政策的話，不曉得這個世界又會變成什麼模樣呢？

【思考實驗No.32】

馬桶裡的蜘蛛

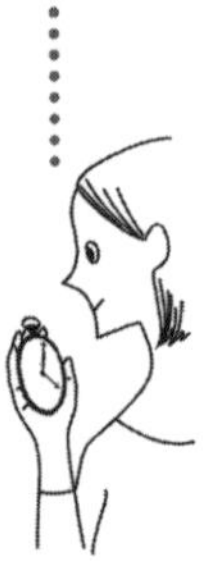

某年暑假，阿崇到學校參加補修的時候，他在學校廁所的馬桶發現了一隻蜘蛛。到了隔天，阿崇又在同一個馬桶看到應該是前一天的那隻蜘蛛。

「這隻蜘蛛住在這種地方嗎？看起來一點也不快樂啊，住在這裡太可憐了。」

這麼心想的阿崇便動手想把蜘蛛帶出馬桶，結果卻不小心弄死了蜘蛛。於是在下次有人來打掃之前，已經一動也不動的蜘蛛就這樣被放在原地好幾天。

阿崇當初是出於好意才會想救蜘蛛出來，這是百分之百的善意行動，但結果卻沒有如阿崇所願，最後蜘蛛還是死掉了。

請問馬桶裡的蜘蛛到底可不可憐呢？帶蜘蛛離開馬桶會讓牠比較快樂嗎？

待在馬桶裡的蜘蛛
到底快不快樂呢？

思考提示

「馬桶裡的蜘蛛」是出自於美國哲學家湯瑪斯・內格爾（Thomas Nagel）的思考實驗。內格爾想透過這項思考實驗告訴大家什麼呢？

請大家動用想像力思考看看吧。

我們不了解蜘蛛的心情

因為阿崇覺得蜘蛛看起來不快樂，才會想帶蜘蛛到外面，拯救牠離開馬桶。

阿崇覺得馬桶是個骯髒的場所，不是讓人放心休息的地方，而且晚上沒開燈的廁所又暗得不得了，所以他便得到蜘蛛「待在馬桶裡面」是「不幸」的結論。然而，阿崇現在看到的是蜘蛛而不是人，本來就和人是不同物種，很難讓人判斷什麼對蜘蛛是好還是壞，說不定在蜘蛛眼裡，馬桶比軟綿綿的棉被更舒適。

比方來說，絕對不會有人覺得魚「沉在水中好可憐」，換成人類的話雖然會很痛苦，但是魚原本就是待在水中的。

你認為深海魚「感受不到光線很可憐」嗎？說不定有人會在心裡想：「深海魚生活在深海裡好玩嗎？待在沒有光的地方會快樂嗎？」冒出這種思考的時候，就表示人不但把深海魚擬人化了，還是以「假如深海魚像人類一樣會思考的話」作為前提來想像。想當然的，無論我們對深海魚有多少幻想，人類依舊不懂深海魚的心情，而且我們本來就連深海魚有沒有心靈也不知道。

最後應該就有人也只能以個人角度，以「不想投胎轉世成深海魚」的感想作為結論了吧。

阿崇在想像的時候，也把蜘蛛和自己重疊在了一起。

「這隻蜘蛛住在這種地方嗎？看起來一點也不快樂啊，住在這裡太可憐了。」

若是「人類」的話，這的確可能是件不幸的事情，阿崇想要伸出援手的心情是最自然不過的想法。然而，現在的對象是一隻蜘蛛，雖然那對人類而言是個不幸，對蜘蛛來說卻未必如此。

●我們不懂他人的心情

除了蜘蛛之外，這個例子也可以用在人類身上。比方說有個朋友肚子餓了，出於好意的阿崇就拿了泡芙給他。可是朋友現在可能正在減肥中，或是比起甜食，他更想吃飯糰也說不定。若朋友期待著吃自己準備的便當或蛋糕，阿崇出於善意的行為也未必能讓對方了解自己的心意。

人類無法輕易理解他人的心情，即便是透過語言來溝通，也很難分辨得出那到底是有所顧慮還是真心誠意。

換言之，這項思考實驗是用來比喻了解他人心聲的困難，就宛如人類不懂蜘蛛的心情。代表了縱使面對的對象是人，也如同我們不明白蜘蛛在馬桶中的心聲一樣，他人的心就是如此難以捉摸吧。

【思考實驗No.33】

幸福的奧美拉城

有座名叫奧美拉城的城市十分美麗，居民們善良又健康，城裡沒有軍隊、也沒有國王和奴隸，是個人人平等，如同大家想像的烏托邦。

然而，要建立這個美好的城市，居民必須執行一個約定。

在城裡某個公共設施的地下室有一間沒有窗戶的房間，一名少年就被幽禁在裡面。這名少年雖然有精神障礙，但他並不是一開始就待在這裡。他知道母親的臉龐和太陽的光芒，所以他懇求著：「我會乖乖聽話，拜託放我出去。」然而，沒有任何人理會他的請託。這名少年長久以來一直被關在這個吃不到豐足食物，周遭充滿穢物的環境裡。居民與城市的約定就是必須囚禁這名少年，而且不准任何人對他釋出善意，也不許提供他美味的食物。

住在城裡的每一個人都知道奧美拉城的幸福均是建立在這名少年的犧牲上。這座城

裡的居民心地善良，也想過要拯救這名少年，然而無論是健康、知識、還是環境，身邊所有的幸福都倚賴在這名少年身上，所以大家沒有辦法救他出來。就算只是和少年說話或是為他清理打掃，都會讓自己的幸福褪色，這就是奧美拉城的常識，少年今天依然處在恐怖的不幸之中。

請問少年的犧牲是萬不得已的嗎？

思考提示

《幸福的奧美拉城》的故事，是以娥蘇拉・勒瑰恩（Ursula K. Le Guin）的短篇小說《離開奧美拉城的人們》（The Ones Who Walk Away from Omelas）作為原形，城裡居民的幸福建立在一名少年的犧牲上。雖然每個人都知道這件事，大家卻認為這是萬不得已的考量，並選擇封印自己的心聲。對這名少年的不幸遭遇裝聾作啞是個正確的決定嗎？少年的不幸是無可奈何的事嗎？

現在再來看看另一個，也是一人對比多人的故事來思考一下。

在英國電影《天眼行動》（Eye in the Sky/2016）中，英國軍方掌握到了企圖實行自殺炸彈攻擊的恐怖分子情報，並預備瞄準該地點發射飛彈。然而就在這個時候，賣麵包的少女阿麗亞卻在目標地點附近賣起了麵包，如果就這樣直接發射飛彈，絕對會把少女捲入其中。是要犧牲少女來消滅危險的自殺炸彈客，還是要選擇拯救她呢？只見空調運轉著的會議室激起了一陣騷動。

這部電影提出的疑問，即是否要為了拯救一名賣麵包的少女，而錯過可以消滅八十名左右的恐怖分子並擋下自殺炸彈攻擊的飛彈發射時機。

這兩篇故事，都是可以用一個人的不幸來拯救多數人的公式。請問你覺得哪一種犧牲是比較萬不得已呢？請大家先放下書來思考看看。

●兩篇故事的差異

應該很多人都會比較質疑奧美拉城居民的幸福吧，為了弄清楚為什麼會出現這種想法，並且區分兩邊的差異，我就整理了《幸福的奧美拉城》與《天眼行動》要比較哪些苦惱的選擇。

首先在《幸福的奧美拉城》中，當被囚禁的少年陷入不幸時，就可以讓城裡的人們獲得幸福。換句話說，要放在天秤上衡量的就是「少年的不幸」與「城裡居民的幸福生活」。

而《天眼行動》的問題則是為了拯救會受恐攻牽連而喪生的人們，就得讓賣麵包的少女阿麗亞捲入其中。在這個情況下，放在天秤上的就是「賣麵包的少女阿麗亞的性命」與「會在自殺恐攻中喪生的市民性命」。

兩邊最關鍵的差異就是相對於《天眼行動》都是在衡量偏向負面的「失去的性命」，而《幸福的奧美拉城》則是「一人的不幸」與「多數人的幸福」，是負面元素和正面元素在互相比較。

在《天眼行動》中，如果選擇了拯救阿麗亞，就會造成自殺恐攻成真而失去眾多生命，若是比較一個人與眾人的性命，以拯救眾人性命為優先的決斷一定會獲得多數人的支持。

另外在《幸福的奧美拉城》，若讓一名少年脫離近乎恐怖的不幸，對少年伸出援手的話，就會奪走城裡居民的幸福。城裡的幸福確實需要守護，但是有必要為此讓一名少年落入不幸嗎？必須讓少年遭遇不幸才能得到的幸福，就如同偷來的金錢一樣，本來就不是城裡居民應當擁有的吧？我猜大家的心裡都會冒出這樣的疑問吧。

比方來說，全班三十人一起出門遠足，其中卻有人受傷了。若要比較「三人跌倒受傷」和「三十人跌倒受傷」哪種比較好，這個答案明顯到連想都不用想。最好的情況是傷者愈少愈好，所以當然是選擇三人受傷的答案。

那麼以同樣都是發生在遠足中的事情來看，「只要完全不理會班上某一個人，除了那個人以外的學生都能分到蛋糕」和「不做任何事，所有人都沒辦法拿到蛋糕」，請問這兩種狀況哪一種比較好呢？

因為前者很明顯就是「霸凌」，無論剩下的二十九人可以獲得多大的好處，大多數的人一定會認為不應該做出這種事吧。

要選擇三人跌倒、還是三十人跌倒的例子就和賣麵包的少女阿麗亞一樣，大家通常都會偏好受害數量較少的選擇。但是若要套用阿麗亞的例子來看，題目可能要改成「是要讓三人跌倒，還是讓其他三十人跌到」才是正確的敘述。

關於後半段提到要欺負班上其中一人的案例，就是把奧美拉城少年的故事變得更接近現實一點的例子。無論自己身上會發生多麼快樂的事，如果必須因此陷人於不義的話，那應該就是做不得的行為了。

兩篇故事的差異

《天眼行動》賣麵包的少女阿麗亞

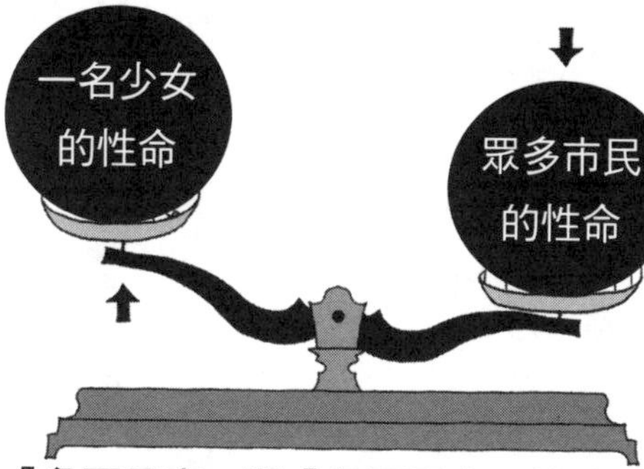

「負面元素」與「負面元素」的比較

《幸福的奧美拉城》中的少年

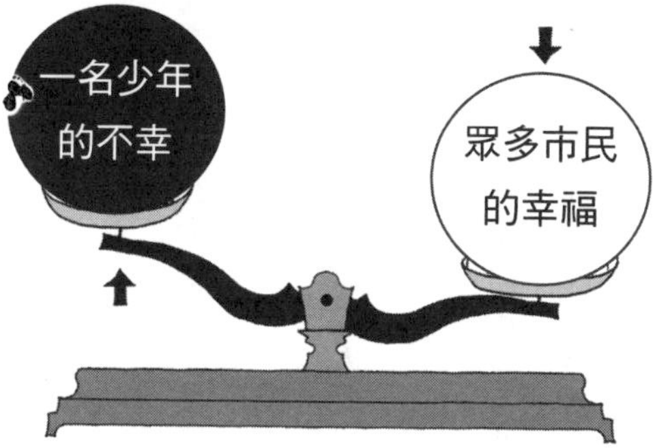

「負面元素」與「正面元素」的比較

↓

必須陷特定一人於不義才能得到的幸福
是值得守護的嗎？

在娥蘇拉．勒瑰恩的小說中，就出現了靜靜離開奧美拉城的居民們，這群人就是故事標題中提及的人們，然而就算人們選擇離開，奧美拉城也不會有所改變，這就表示大家實在無法容忍自己住在必須犧牲少年才能建立的城市。

●《天眼行動》的不確定因素

應該也會有人覺得比起奧美拉城的少年，讓賣麵包的少女阿麗拉捲入恐攻的問題比較大吧。在這個情況下，可以想見最麻煩的就是「不確定因素」。奧美拉城的故事設定是讓城市建立在少年的不幸之上，所以在救出少年之後，城裡的人們必定會變得比現在不幸許多，相較於賣麵包的少女並不算無謂的犧牲。

但即使拯救了賣麵包的少女，並不代表百分之百擋不了自殺恐攻的行動，或是會讓恐怖攻擊實際成真；就算賣麵包的少女犧牲了，也無法確定軍方能不能徹底摧毀恐怖組織，也不曉得會讓傷害縮小到哪個地步。說不定發射飛彈的行動，還有可能引發其他恐攻行動的出現。如果要比較犧牲一人的確切成效，絕對是《幸福的奧美拉城》更占上風。

假如你是奧美拉城的居民，請問你是否會選擇離開呢？你有辦法繼續居住在奧美拉城嗎？還是你打算拯救少年出來呢？又或者是提出請奧美拉城所有居民離開城裡的意見呢？

如果你身在《天眼行動》的會議室，你會選擇讓賣麵包的少女阿麗亞捲入其中嗎？還是反對讓她犧牲呢？

請問你的決斷會是什麼呢？

後記

大家知道「海因利奇法則」（Heinrich's law）嗎？若是改為1：29：300法則的話，說不定就會有人恍然大悟地想：「啊，原來是這個啊。」所謂的海因利奇法則，是指在一件重大事故的背後，有二十九件止於輕傷的意外，還有三百件有驚無險的事例（未遂），這個比例法則受到廣泛的應用，可以套用到各式各樣的案例中。

在一次跌倒的背後，有二十九次被絆腳，還有三百次受到其他小事影響而分心。

在一次寄錯郵件之中，有二十九次沒有經過好好確認就寄出去的郵件，還有三百次在寄出之後會擔心有沒有出錯的郵件。

在一次完全睡過頭的背後，有二十九次稍微睡過頭和三百次的熬夜。

在一次……

雖然現實狀況並不會如此單純地應對這個法則，但這就表示「在一次嚴重失誤或重大事故背後，累積過許多小小的失誤或意外，另外還有更多有驚無險以及讓人納悶的經歷」。海因利奇從這些案例中，分析出要預防1：29：300中的「一」，必須運用發生在「二十九」或「三百」中的輕微經驗；另外若要預防「二十九」，懂得運用「三百」也是很重要的關鍵。

這也可以算是把輕傷意外或未遂事件作為實驗素材，藉此想像未來可能發生的情況，並找出預防方法的思考實驗吧。

你今天遇到了什麼有驚無險的事嗎？如果早上起床的時候感到有一點冷，我們就可以想辦法避免「二十九」的「起床時喉嚨有點痛」，甚至是預防「一」的「因為感冒臥病在床」。

當你在工作中發現困惑的問題時，可以先寫個紙條以防自己忘記，或者當下立刻動手解決，抑或是思考自己該如何是好的話，或許就能預防「失誤」的發生了吧。

就像我上一部作品在結語部分提到的飛航事故，思考實驗能讓我們從過去的經歷中聯想到可能發生的未來，事先運轉自己的思考；又或者是像海因利奇法則那樣，從許多微小的案例中預測更嚴重的事故，並且想辦法防範未然等等，可以實際活用在各式各樣的場面上。

透過本書的內容，無論是體會到思索問題其實是件愉快的事，還是在經過思考或發現之後，能為你今後的生活幫上一點忙也好，只要能讓大家覺得思考實驗很有趣的話，就是身為作者的無比幸福了。

在此，非常感謝大家的閱讀。

國家圖書館出版品預行編目資料

想像力實驗室：鍛鍊發想力的 33 個思考實驗 / 北村良子著；許展寧譯．-- 初版．-- 臺中市：晨星，2020.07
面；　公分．--（勁草生活；468）

譯自：発想力を鍛える 33 の思考実験

ISBN 978-986-5529-15-4（平裝）

1. 創意 2. 創造性思考 3. 邏輯

176.4　　109006696

勁草生活 468

想像力實驗室

鍛鍊發想力的 33 個思考實驗

発想力を鍛える 33 の思考実験

作者	北村良子
封面・內文繪圖	大塚砂織
譯者	許展寧
編輯	王韻絜
封面設計	季曉彤
美術設計	陳柔含
創辦人	陳銘民
發行所	晨星出版有限公司 台中市 407 工業區 30 路 1 號 TEL：(04)23595820　FAX：(04)23550581 行政院新聞局局版台業字第 2500 號
法律顧問	陳思成 律師
初版	西元 2020 年 7 月 20 日初版 1 刷
總經銷	知己圖書股份有限公司 106 台北市大安區辛亥路一段 30 號 9 樓 TEL：02-23672044 / 23672047　FAX：02-23635741 407 台中市西屯區工業 30 路 1 號 1 樓 TEL：04-23595819　FAX：04-23595493 E-mail：service@morningstar.com.tw 網路書店 http://www.morningstar.com.tw
讀者服務專線	04-23595819#230
郵政劃撥	15060393（知己圖書股份有限公司）
印刷	上好印刷股份有限公司

歡迎掃描 QR CODE
填線上回函

定價 350 元

ISBN 978-986-5529-15-4

Original Japanese title:HASSOURYOKU WO KITAERU 33 NO SHIKOU JIKKEN